Jogo de Búzios

Ronaldo Antonio Linares

Jogo de Búzios

© 2022, Madras Editora Ltda.

Editor:
Wagner Veneziani Costa *(in memoriam)*

Produção e Capa:
Equipe Técnica Madras

Ilustrações:
Robles Gregório Luques

Revisão:
Valéria Oliveira de Morais
Vera Lúcia Quintanilha
Daniela Piantola

**CIP-BRASIL. CATALOGAÇÃO-NA-FONTE
SINDICATO NACIONAL DOS EDITORES DE LIVRO, RJ**

L717j
Linares, Ronaldo Antonio
    Jogos de búzios/Ronaldo Antonio Linares. – São Paulo: Madras, 2022.
    Inclui bibliografia
    3 ed.
    ISBN 978-85-370-0176-9
    1. Jogos de búzios. 2. Umbanda. I. Título.

07-0126.   CDD: 299.67
                                                        CDU: 299.6

15.01.07   19.01.07   000128

Proibida a reprodução total ou parcial desta obra, de qualquer forma ou por qualquer meio eletrônico, mecânico, inclusive por meio de processos xerográficos, incluindo ainda o uso da Internet, sem a permissão expressa da Madras Editora, na pessoa de seu editor (Lei nº 9.610, de 19.2.98).

Todos os direitos desta edição reservados pela

MADRAS EDITORA LTDA.
Rua Paulo Gonçalves, 88 – Santana
CEP: 02403-020 – São Paulo/SP
Tel.: (11) 2281-5555 — (11) 98128-7754
www.madras.com.br

O Autor

RONALDO ANTONIO LINARES
Filho de Fé do famoso Babalaô Joãozinho da Gomeia, a quem conheceu muito jovem quando dava seus primeiros passos no Candomblé, nos subúrbios do Rio de Janeiro. Babalaô da Roça de Candomblé Obá - Ilê (digina do autor).

Radialista especializado em programas de divulgação da Umbanda e do Candomblé na Rádio Cacique, de São Caetano do Sul, participando dos seguintes programas: "Yemanjá dentro da noite", "Ronaldo fala de Umbanda" e, por quase 18 anos consecutivos, "Umbanda em Marcha", além da programação diária "Momento de Prece".

Foi o primeiro a mencionar a figura de Zélio de Moraes em jornais de grande circulação em São Paulo: *Diário do Grande ABC* e *Notícias Populares*.

Colunista do jornal *A Gazeta do Grande ABC*.

Na televisão, participou durante quase quatro anos do programa "Xênia e você", na TV Bandeirantes. Atuou como produtor e apresentador durante seis meses do programa "Domingos Barroso no Folclore, na Umbanda e no Candomblé", programa dominical com duas horas de duração, na TV Gazeta.

Porta-voz oficial do Superior Órgão de Umbanda do Estado de São Paulo (SOUESP), título que lhe foi concedido pelo general Nelson Braga Moreira.

Diretor-presidente da Federação Umbandista do Grande ABC desde novembro de 1974.

Criador do primeiro Santuário Umbandista do Brasil, o Santuário Nacional da Umbanda, no Parque do Pedroso em Santo André, SP, com 640.000 m².

Membro permanente da diretoria do SOUESP desde 1970.

Ex-presidente do Conselho Consultivo do SOUESP.

Cavaleiro de Ogum, honraria que lhe foi concedida pelo Círculo Umbandista do Brasil.

Em 15 de novembro de 2005, foi agraciado com a Medalha Zélio de Moraes pelo Instituto Cultural de Apoio e Pesquisa às Religiões Afro.

Ronaldo Antonio Linares considera a maior honraria de sua vida haver conhecido em vida e privado da amizade do senhor Zélio Fernandino de Moraes, fundador da Umbanda, considerando-se filho espiritual de sua filha Zilméia Moraes da Cunha.

Esta obra não é mediúnica nem psicografada. É fruto da árdua pesquisa e vivência cotidiana do autor nos terreiros de Umbanda e cultos afro-brasileiros.

No transcorrer dos primeiros cursos de formação de sacerdotes da Federação Umbandista do Grande ABC, os ensinamentos foram transmitidos oralmente. Uma pessoa dedicada e desprendida conseguiu passar para o papel esses ensinamentos que eram oferecidos aos alunos, na forma de apostilas. Essas apostilas deram origem a vários livros, até este.

Esta obra só poderia ser dedicada a esta fiel seguidora e competente sacerdotisa de Ifá, a Babá Esmeralda Salvestro Perusso.

Meus agradecimentos aos Babalaôs Diamantino Fernandes Trindade e Sylvio Santiago e à Babá Dirce Paludeti Fogo, pela atenção, carinho e dedicação na condução do 16º Barco de Sacerdotes de Umbanda da F.U.G.A.B.C.

Índice

Apresentação 13
"Akpalo" ou O Velho 17
Origens e Lendas 21
Ifá e o Jogo de Búzios 25
O Ebá ou Jogo dos Búzios 27
Como e Onde Jogar 35
a) Preparo Prévio para o Jogo de Búzios 35
Material Necessário 36
Desenvolvimento 37
Modo de se Jogar 37
b) Noções Básicas sobre o Jogo de Búzios 38
c) Como Interpretar as Jogadas 39
d) A Determinação dos Orixás do Filho de Fé pelos Búzios 48
As Cores na Umbanda 54
Principais Símbolos dos Orixás 55
O que Dizem os Búzios de Cada Orixá (O que Representam no Jogo) 57
Oxalá 57
Iansã 60
Ibeji ou Cosme e Damião 61
Oxum 63
Oxóssi 64

Yemanjá 65
Ogum 66
Xangô 68
Nanã 70
Obaluaiê 72
Caboclo 73
Preto-Velho 74
Baianos 75
Erês ou Crianças 77
Pombagira 78
Preparo e Consagração dos Búzios 85
   Rol do material necessário 88
Consagração da Peneira 89
Consagração a Ifá 93
   Banhos 93
   Defumação 93
   Material necessário à consagração 94
Características dos Filhos dos Orixás 101
   a) Características dos Filhos de Oxalá 101
   b) .... Características dos Filhos de Iansã .. 102
   c) Características dos Filhos de Cosme e Damião 104
   d) .... Características dos Filhos de Yemanjá .. 105
   e) Características dos Filhos de Oxum 106
   f) .... Características dos Filhos de Oxóssi 107
   g) Características dos Filhos de Ogum 108
   h) .... Características dos Filhos de Xangô 109
   i) Características dos Filhos de Nanã Buruquê 111
   j) Características dos Filhos de Obaluaiê 111
   l) Nota Explicativa 112
Tolices e Superstições sobre os Búzios 115
   Por que não creio na interpretação por odus! 115
   01 — Okanran-Ésu 120
   02 — Eji-Oko Osalá Mais Velho, Obá e Orunmilá 120
   03 — Eta-Ogunda Ogun, Sangó, Ogun 120
   04 — Irosun-Ososi, Yasán, Yemonjá, Égun 120
Explicações Necessárias 127
Caderno de Ilustrações 131

Apresentação

Não foi sem muito cismar que esta obra foi escrita. Existe tanta tolice e desinformação no meio umbandista quanto em qualquer outra forma de crença, mas na Umbanda de uma forma geral podemos dizer que o fogo é cruzado: os católicos nos taxam de adoradores de pedras e ignorantes; os espíritas tradicionalistas batizam a Umbanda de BAIXO ESPIRITISMO; os sócios do satanás (algumas seitas evangélicas, que não sabem dizer outra coisa que não seja "SAI SATANÁS"; é engraçado como o Satanás gosta deles, nunca os deixam sós) nos taxam de diabólogos e os candomblecistas afirmam que a Umbanda não tem fundamento (e qual é o do Candomblé?). Os candomblecistas afirmam ainda que A UMBANDA NÃO PODE JOGAR BÚZIOS, da mesma forma que proclamam que para se preparar corretamente para a missão mediúnica umbandista é preciso "FAZER CABEÇA" no Candomblé e, finalizando, houve até uma tentativa de negar as raízes africanistas da Umbanda, quando se tenta transformar o vocábulo Bundo, Umbanda, em OMH-BAN-DA, de origem védica sânscrita, transformando um simples culto de terreiro, mestiço como bom brasileiro, em algo hindu ou até mesmo pré-histórico.

    Naturalmente que não generalizo, tenho amigos (um até mesmo amigo do peito) que são padres e cristãos praticantes que não fazem diferença por eu professar a crença umbandista. Conheço vários pastores evangélicos, dignos e não fanáticos (cheguei mesmo a fazer com eles curso de conhecimentos bíblicos); tenho o maior respeito pelos adventistas, pela sua forma de viver; Kardec e Chico Xavier nunca demonstraram intolerância religiosa. Sou Babalaô do Candomblé e minha diginia é "Oba Ilé". Fui "feito" em uma das mais antigas e respeitadas casas de culto de nação do Brasil. Tenho vários filhos por mim preparados no Santé e que até hoje cuidam de seus axés e dos meus netos, sem contestarem nada do que já disse anteriormente. Fiz minha opção pela Umbanda e, por isso, sinto-me perfeitamente à vontade para escrever este livro, que, sei, vai causar muita polêmica.

Escrever sobre o JOGO DE BÚZIOS NA UMBANDA é quebrar um tabu, mas o que não diremos do respeitado e insuspeito W.W.W. da Matta e Silva, que teve a coragem, o destemor de intitular uma de suas obras de *Macumbas e Candomblés na Umbanda*. Se podem as macumbas e os candomblés coexistirem na Umbanda, os búzios naturalmente também podem.

Entre o bairro carioca de Água Grande e o Mercado de Madureira encontramos oito vezes em placas, ostensivamente afixadas, a expressão "Joga-se Búzios" e, em todas elas, a identificação Tenda de Umbanda. Tentar negar que se jogam búzios na Umbanda é querer tapar o sol com a peneira, por isso, na esperança de sermos úteis a quem realmente se interessa por tão palpitante assunto, é que escrevemos este modesto e despretensioso trabalho.

O mais difícil... a primeira frase!

De tanto ver triunfar as nulidades, de tanto ver prosperar a desonra, de tanto ver crescer a injustiça, de tanto ver agigantarem-se os poderes nas mãos dos maus, o homem chega a se desanimar da virtude, rir-se da honra, a ter vergonha de ser honesto.

Rui Barbosa

Pode parecer estranho que iniciemos uma obra de caráter místico religioso com uma citação do "Águia de Haia", mas foi o que me ocorreu neste princípio de trabalho e, por ser um pensamento tão atual e tão abrangente, decidi mantê-lo.

Ronaldo Antonio Linares

"Akpalo"[1]
ou O Velho

Ele era velho, muito velho, tinha o negrume amarronzado típico dos de sua raça e as palmas das mãos quase brancas, eu creio que o descreveria melhor se dissesse que "tinha as palmas das mãos de cor marfim". Pouca gente se incomodava com ele, não era bom, também não era mau, ele apenas era... era diferente. Poucos sabiam de que era capaz, poucos acreditavam no que ele dizia e, se uma garrafa de parati[2] houvesse passado por seus lábios, chegava mesmo às vezes a ser inconveniente, mas era por aí que se chegava até ele: por uma garrafa de parati e dois dedos de prosa ele seria capaz de transportá-lo a um outro tempo tão próximo e ao mesmo tempo tão distante. Ele contaria, apenas a quem quisesse ouvir, histórias de arrepiar os cabelos, fatos ocorridos num continente distante, com um povo livre... com o seu povo, com homens que obrigaram esse povo a embarcar em canoas enormes e que em porões malcheirosos, infectos, os fizeram cruzar o grande mar oceano. Ele lhe diria sobre os costumes diferentes de sua gente e até lhe explicaria por que sabia das coisas antes dos outros. Era tão pobre que morava na areia, sua cama era o fundo de uma

---
1. Historiador oral do seu povo, espécie de enciclopédia viva.
2. Cachaça famosa da cidade do mesmo nome.

canoa; seu teto, algumas folhas de palmeira, aquele *mocó* característico onde nossos caiçaras guardam suas canoas. Quando o conheci, ele já não ia mais ao mar, mas ainda consertava redes, separava o peixe que os companheiros haviam "matado" na noite anterior: camarão pra cá, siri pra lá; neste balaio, a sujeira (peixe pequeno), naquele outro, "os bão" (peixe graúdo); quando as "minina" pediam, tirava a sorte nas conchas, os búzios... o ERÓ... O SEGREDO e acertava sempre, ele fora um Babalaô. ELE FORA? OU ELE ERA?

Pode-se deixar de ser BABALAÔ, o oráculo de IFÁ?

Não consigo imaginar alguém deixar de ser, aquilo que de mais importante já foi, mas na verdade ele não tinha filhos de fé, não tinha barracão (terreiro, templo), ninguém o chamava de "pai", era apenas e tão somente o "véio"... O "véio" que morava na areia, senhor de uma memória extraordinária.

Pai João era famoso. Como era adé (homossexual), gostava que o chamassem Joãozinho. Pai Joãozinho era importante, seu terreiro era cantado em prosa e verso, seu retrato aparecia nos jornais, tinha até programa de rádio, trabalhava para quem lhe pagava, fosse para o bem, fosse para o mal, cavalo de Pombagira, quando virava parecia "moça dama safada", vivia no luxo. Pai Joãozinho era perseguido, mas até quem o perseguia agora lhe procurava e, quantas vezes, o carro importante com placa de estrela do maioral, não veio parar na sua porta e aquele mulato enorme tão respeitado trazia os recados, os pedidos do "homem", e Joãozinho, também um mulato forte, apesar de adé, virando os olhos como menina, atendia prazeroso.

Às vezes eu me perguntava por quê? Por que sendo Pai Joãozinho tão importante, tão sabido, corria para o "véio" toda vez que a coisa "tava preta"? Por que ir até São João buscar o carro de praça (sempre o mesmo) e depois tocar para o Curral Falso e de lá para Pedra de Sepetiba, até a praia onde morava o "véio"? Se Pai Joãozinho era tão sabido, por que procurava o "véio"? O "véio" nem terreiro tinha. Bom, podia não ter agora, mas que sabia das coisas sabia, e foi porque o "VÉIO" gostava de parati é que, movido pela curiosidade, eu fui me chegando. Se o maioral dos terreiros o respeitava e dependia dele, ele devia saber o que fazia. Foi assim que sem muito luxo, sem recomendações especiais, tomei conhecimento sobre a verdade *ao cair dos búzios*. Nunca fiquei sabendo com certeza, mas o "véio" não era daqui, não era carioca, Joãozinho não o conhecera na Bahia, mas o Jubiabá o recomendara, parece que trabalhara num velho saveiro que arribou por essas bandas e nunca mais pôde ou quis voltar para Salvador e porque um menino branco era diferente em uma comunidade negra, eu era motivo de orgulho e curiosidade, era assim como bichinho de estimação e foi assim que o menino pobre do bairro paulista do Cambuci, manquitola e só, acabou conhecendo o *eró*, o segredo dos búzios.

Graças ao "véio" que morava nas areias de Sepetiba e que hoje, talvez, vire as conchas no céu, eu aprendi a arte do jogo dos búzios.

Agô Meu Pai!

Origens e Lendas

São muitas e não raras vezes conflitantes as lendas africanas que nos falam dos deuses e de suas histórias. Na verdade, por se tratar de tradição e de transmissão oral (fatos contados de avó para pai, que conta para o filho e este para o neto, e assim sucessivamente), muitas vezes os fatos são de tal forma deturpados, que o que chega até nós é bastante alterado e, outros, até mesmo pouco condizentes com o que aceitamos como "verdade". Por isso, recomendamos aos nossos leitores que não estranhem nem tampouco deem muita importância a esses fatos lendários, embora deixamos bem claro que, para nós, toda lenda tem um fundo de verdade.

Segundo uma dessas lendas, quando OLORUM (Deus) criou o mundo, deixou como responsáveis pelo desenvolvimento harmonioso de sua criação os diferentes Orixás,* cada qual em seu reino. Todavia, passado algum tempo, constatou que esses mesmos Orixás, movidos por paixões quase humanas, passaram a se desentender. Chamou então Oxalá, que era um prolongamento do próprio OLORUM, e deu-lhe o encargo de fiscalizar sua obra, orientar e punir quem achasse necessário. Porém, passado algum tempo, Oxalá voltou ao Pai para lhe dizer que era muito difícil sua tarefa, pois quando os fatos chegavam ao seu

---

*N.E.: Sugerimos a leitura de *África — Seus Encantos e Orixás — Rezas, Feitiços* de Roberto de Jagum, Madras Editora.

conhecimento, as coisas já haviam acontecido. OLORUM, então, disse a Oxalá que os búzios que havia na praia lhe contariam com antecipação tudo o que pudesse acontecer com seus comandados, bastando para isso que os interpretasse com exatidão e os tratasse com o devido respeito às coisas sagradas. Dessa forma, Oxalá poderia saber com antecedência das pendências e das soluções para evitar os atritos entre os Orixás.

Outra dessas lendas informava que Exu Lebá (ou Lebará), outro tipo de Orixá (ou mais propriamente, um orixá negativo), era senhor dos segredos da adinhansão, mas ao seu pedido ORUMILÁ (OLORUM) transferiu esses mesmos poderes a Ifá, ficando em troca assentado que em todos os trabalhos seria concedido a Exu o privilégio de receber em primeiro lugar oferendas e sacrifícios (hábito que persiste até os dias de hoje nos candomblés).

A princípio, Oxalá utilizou-se de muitos búzios e o resultado foi desastroso: muitos búzios, muitas interpretações. Assim, de experimento em experimento, ele decidiu, com o auxílio de Ifá, que 16 búzios era o número ideal.

Outra lenda afirma que coube a Ifá a responsabilidade dos búzios e que, ao virá-los na praia, o fez com os que ali havia e esses totalizavam 16 (posteriormente, Oxum, que era esposa de Ifá e que era constantemente assediada pelos homens para que fizesse o jogo da adivinhação, conseguiu que ORUMILÁ lhe desse as mesmas prerrogativas). Cada um dos búzios deveria representar um dos Orixás cultuados no Candomblé, incluindo-se os Exus (um para o Exu masculino e outro para o Exu feminino). Quando Oxum fizesse a leitura, Exu é que daria a resposta. Posteriormente, esses ensinamentos foram transmitidos aos filhos (humanos) desses Orixás e estes, por sua vez, os transmitiram a seus próprios filhos de fé e assim sucessivamente.

Em um jogo de búzios, encontra mais facilidade para a interpretação o filho de Oxum, o de Oxalá e o de Xangô, pela sua grande sabedoria, também o de Iansã, que teria roubado o segredo de Xangô. Na verdade, nada impede que os filhos dos demais Orixás possam se capacitar a participar também da interpretação, desde que cumpram com a obrigação a Ifá e possam, dessa forma, receber o conhecimento que no Candomblé nunca é conseguido antes de 7 anos, desde sua iniciação.

Ifá e o logo
de Búzios

Será que existe na face da Terra alguém que um dia não desejou saber por antecipação o que lhe reservava o futuro? Quem não deseja saber se o seu problema mais sério, aquele que mais lhe afeta, vai ou não ser resolvido satisfatoriamente? Qual *o* ou *a* amante que não deseja saber se seus sentimentos são ou não correspondidos? Perguntas como essas nós faríamos aos milhões, na mais absoluta certeza de que para cada uma haveria milhares de leitores interessados, pois a curiosidade é um atributo inerente ao ser humano e a busca de métodos mágicos e divinos para se saber o destino das criaturas é mais antiga do que a própria história da humanidade. Em cada civilização antiga é possível encontrar a magia da adivinhação em suas mais diferentes formas: da necromancia ao tarô, passando por oráculos, sacerdotisas, previsões divinas, quais sejam da Bíblia e da Cabala, de todos os povos, para não dizer de todos os indivíduos.

No Brasil, país mestiço, resultado da fusão de três raças distintas — a Branca europeia, a Negra africana e a Vermelha, ou ameríndia com pinceladas das raças Amarelas asiáticas —, encontram-se representantes de praticamente todas as formas religiosas, mágicas e divinatórias, mas, atualmente, nenhuma goza de mais popularidade do que o JOGO DOS BÚZIOS e, por isso mesmo, nenhum outro método tem sido mais exaltado por seus méritos e por seus defeitos, por sua pouca sumidade e por seus muitos pseudobabalaôs criando uma situação *sui generis*. Há os que acreditam em tudo e há um número infinitamente maior daqueles que, cegos, se dispõem a ser guias de cegos. Há os deliberadamente desavergonhados, exploradores da boa fé pública, que inventam suas próprias regras e imaginam poder enganar a tudo e a todos. Há aqueles que fazem questão de proclamar sua falta de cultura e inteligência apregoando que nasceram "FEITOS". Há muita vaidade e pouca capacidade. Ainda recentemente, um desses pretensos SÁBIOS, diante das câmeras da TV, alardeava sua burrice afirmando enfaticamente, quando inquirido sobre como se tornara leitor dos búzios: "EU JÁ NASCI FEITO, PORQUE CHOREI QUANDO AINDA ESTAVA NA BARRIGA DE MINHA MÃE".

Precisa esclarecer? Precisa acrescentar algo mais? Bem, são esses os mais procurados, os que falam para onde vai o país, que vaticinam quem vai ganhar o jogo de futebol, só não conseguem adivinhar quando vai dar bode e a polícia vem lhe buscar. São também esses os que misturam Cartomancia, Quirologia, Astrologia e quantas "OGIAS" mais lhes passarem pela cabeça para, no final, afirmarem que o espírito do defunto precisa de dinheiro para comer caruru e ele, naturalmente, é o intermediário, o corretor desse negócio esquisito em que o pseudobabalaô é o único que leva vantagem, com receitas extraordinárias nas quais vão produtos mil, e o tolo, o infeliz que o procura, quase sempre acaba pior depois do que antes da consulta. Tudo na base da intimidação, na base do seu Orixá "TÁ PEDINDO ISTO, AQUILO E MAIS AQUILO OUTRO" e se você não fizer o trabalho aqui, e comigo, vai lhe acontecer isto e aquilo, levando infelicidade e descrença. Por tudo isso é que achamos que era hora de **escrever seriamente** sobre essa milenar arte divinatória.

O Ebá ou Jogo dos Búzios

EBÁ ou JOGO DOS BÚZIOS é a arte de responder corretamente a perguntas sobre fatos futuros, presentes ou passados, com base na forma pela qual caem os búzios (cauris ou conchas marinhas) quando manipulados por um BABALAÔ (pai do segredo), ou seja, um sacerdote que, além de haver cumprido com as obrigações necessárias para se tornar um BABALORIXÁ (zelador dos pertences do Orixá), também se preparou física e espiritualmente para ver revelado seu ERÓ (segredo cuja revelação é feita em cerimônia especial, que descreveremos mais adiante).

EBÁ é o nome utilizado pelos nupes[3] e Jogo dos Búzios é o mesmo método divinatório utilizado pelos nagôs. Variações desses métodos encontram-se comumente em todas as formas de culto afro praticadas no Brasil.

Para melhor entendimento, evitaremos utilizar termos africanos para determinar movimentos ou jogadas, pois isso não traria nenhum esclarecimento, visto que a maioria dos adeptos desconhece seu significado,

---

3. Povo africano que hoje cultua os Orixás como há vários séculos.

apenas os mencionaremos em capítulo a parte como termos comparativos, utilizados por outros autores.

Antes de mais nada, o poder de adivinhar consiste em uma habilidade passível de aprendizado. Segundo os nupes, qualquer pessoa que tenha "boa cabeça" (memória e sagacidade) se encontra apta a desenvolver essas práticas. Não se trata evidentemente de um aprendizado fácil. Na realização do jogo, faz-se uma série de representações com as conchas, que deverão ser corretamente interpretadas. Para adivinhar, o indivíduo deve saber de cor o significado de todas as conchas, o que garante a capacidade e a segurança com a qual o especialista domina sua arte.

A maioria dos sacerdotes de Ifá (profissionais da adivinhação) aprendeu essa arte durante a juventude acompanhando outro mais experiente, a quem pagam com serviços pelas lições recebidas. Apesar de ser uma habilidade adquirida, o poder do adivinho cerca-se de uma certa mística, que o distingue das demais atividades. Os objetos utilizados para a consecução dos atos divinatórios são previamente consagrados.

Os nupes utilizam com frequência os serviços dos adivinhos, não apenas para conhecer os desígnios do destino como também para indagar sobre modalidades e oportunidade de realizar sacrifícios e oferendas. Como veremos mais adiante, essa prática resultou em séria deturpação dos cultos afros praticados no país, onde a quase totalidade dos adivinhos dá mais ênfase aos sacrifícios do que ao problema que aflige o consulente.

A descrição mais antiga que o EBÁ menciona consiste em atirar ao chão algumas conchas enfiadas em uma corda

(OPON IFÁ), formando desenhos que são interpretados pelo sacerdote. Essa interpretação requer do especialista conhecimento sobre o estilo de vida de seus consulentes. Se, por exemplo, o presságio indica "fortuna" para um camponês, isso significa conseguir boa safra ou favores de alguém importante. O mesmo jogo, tratando-se de alguém da aristocracia, deve ser interpretado como a conquista de um cargo de chefia, etc.

As regras da adivinhação não se apresentam rígidas e estáticas, mas devem acompanhar as transformações ocorridas na sociedade.

No BRASIL existe, no mercado livreiro, aproximadamente uma dezena de obras em que se menciona ou se especifica o JOGO DOS BÚZIOS, mas, lamentavelmente, pouco ou nada esclarecem. Um deles, escrito por aparente autoridade, tem 142 páginas e em apenas oito fala sobre os búzios, mencionando uma tabelinha que, se tivesse algo de valor, bastaria separá-la do livro, pois todos os resultados possíveis estariam limitados a quantos búzios estão abertos e quantos estão fechados. Baseado nisso, qualquer leigo poderia ser Babalaô. Outro afirma taxativamente que, se o sacerdote tem Preto-Velho, necessariamente sabe jogar búzios, o que transfere um conhecimento necessariamente humano para uma entidade espiritual que, em vida, talvez nem conhecesse essa prática religiosa.

Mas, afinal, o que é necessário para se conhecer e interpretar os segredos de Ifá, por meio do jogo de búzios?

O que é preciso saber para conhecer o destino?

Antes de tudo, para ser realmente um conhecedor dos segredos de IFÁ, o pretendente deve chegar a Babalorixá, ou seja, precisa realizar as obrigações sacerdotais aos principais Orixás, deve ter os OTÁS (pedaços do solo sagrado onde foi ofertada a obrigação) de cada fase de sua preparação sacerdotal. Para melhor entendimento, esclareçamos que o cargo de Babalorixá está situado hierarquicamente abaixo do de Babalaô, que é o mais alto cargo alcançado por mérito, ou seja, se o chefe de terreiro ou pai espiritual, segundo a nova terminologia, é o padre ou o pároco, o Babalorixá por sua capacidade de preparar outros sacerdotes é o bispo e, como coroamento de sua experiência, o Babalaô é o cardeal. Para chegar a ser Babalaô é necessário subir esse íngreme monte e conhecer os segredos de IFÁ.*

Depois, somente depois, de ser de fato e de direito um Babalorixá, é que iniciaremos as consagrações prévias de todos os objetos que serão utilizados no Jogo dos Búzios. Cada búzio deverá ser consagrado a uma força espiritual com a qual tenhamos afinidade, nisso se incluem os principais Orixás, a quem demos nossas obrigações e na Umbanda (que cultua apenas os Orixás maiores ou principais) também há entidades que normalmente incorporamos ou a quem servimos em obrigações, até mesmo entidades negativas. Reside justamente nessa aproximação e nesse conhecimento das entidades nossa facilidade de interpretação dos búzios. Citamos como exemplo o búzio de Yemanjá, que falará sempre pela esposa, se o assunto for família e pelo núcleo ou administração, se for algo relativo a uma empresa, etc.

---

*N.E.: Leia a obra *Orixás na Umbanda e no Candomblé*, da Madras Editora, na qual se descreve com detalhes cada obrigação.

Dessa maneira, veremos que as características de cada Orixá determinam a maneira de proceder a interpretação segundo a forma que caírem na areia ou na peneira. O búzio consagrado a Oxalá será nossa bússola. Os que caírem adiante dele falam pelo futuro, os que estiverem no mesmo alinhamento falam pelo presente e os que estiverem atrás (parte bojuda) do búzio falam pelo passado.

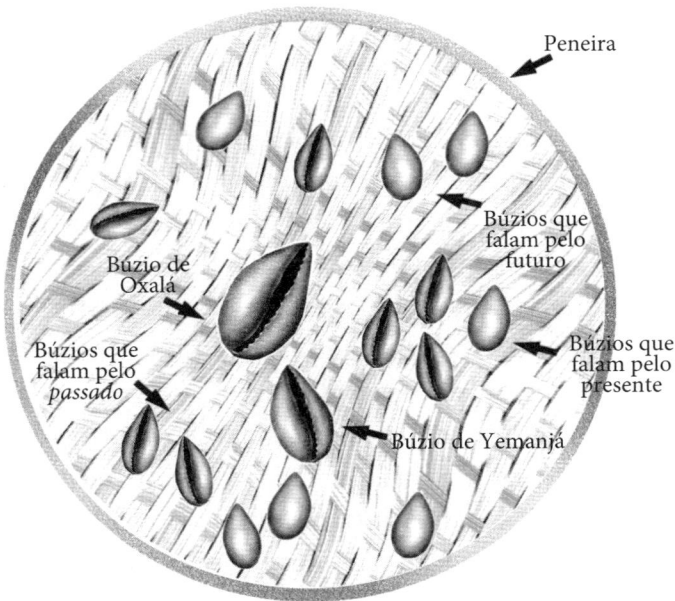

Figura 1

Passeando os olhos pela peneira, o Babalaô irá identificando cada búzio aberto ou fechado, saberá suas características, se está falando *sim* ou *não* para cada caso. Comparando os resultados obtidos poderá ter uma ideia precisa do que os búzios lhe revelam chegando, pelo conjunto, à conclusão final. A título de esclarecimento, devemos assinalar que:

1– Jamais poderemos utilizar, no jogo, búzios cortados. Búzios cortados são como dados chumbados, tendem a cair sempre fechados, o que dá a oportunidade de exploração por parte de sacerdotes ou pseudossacerdotes pouco escrupulosos.

2– Os búzios, geralmente importados da costa africana, devem ser pequenos e distintos uns dos outros, as únicas exceções são os búzios de Oxalá (o maior de todos) e o de Yemanjá (geralmente um pouco menor que o de Oxalá). Os búzios são comercialmente conhecidos como búzios gema (amarelados), são bastante rugosos na face que tem a fenda (parecem enrugados) e, apesar do nome gema, às vezes trazem uma mancha escura. Outros são claros, mas sempre de aspecto agradável, porcelanizados, pesados e densos.

3– Os búzios baianos (finos e delicados), por serem muito frágeis, não se prestam ao jogo.

4– Também não se prestam ao jogo os chamados búzios nigerianos, marrom-escuros.

5– Quando do trabalho de consagração, procure preparar mais de um jogo (prepare dois ou mais jogos), pois o búzio é o elemento mais barato no jogo de Ifá.

6– Não fique maluco tentando identificar qual o búzio macho ou fêmea, isso é difícil até para os biólogos marinhos. Depois, você não vai criar búzios, e além do mais o molusco está morto e dele só se usa a carapaça — você vai apenas interpretá-los.

7– Toda diferença que houver entre os búzios facilitará sua identificação e você nunca conseguirá identificar nada, se não souber exatamente a que Orixá o búzio foi consagrado; por isso provavelmente você terá a necessidade de marcar com tinta, ou outra forma (pelo menos no começo), a cor do Orixá para facilitar sua identificação.

8– A peneira também deverá merecer cuidados especiais (deverá ser devidamente consagrada).

9– É da maior importância a revelação da peneira (Consagração a IFÁ), que eleva o Babalorixá à condição de Babalaô.

Isso posto, podemos, por meio de gráficos, demonstrar como deve ser feita a interpretação, não sem antes esclarecer que a prática constante leva ao aperfeiçoamento. De nada adianta entregar um violino Stradivarius a quem não seja um "virtuose" na sua execução, é o homem quem dá vida ao instrumento e não o contrário, isso sem esquecer que quem joga e interpreta os búzios é sempre o indivíduo e nunca a entidade que eventualmente ele incorpora.

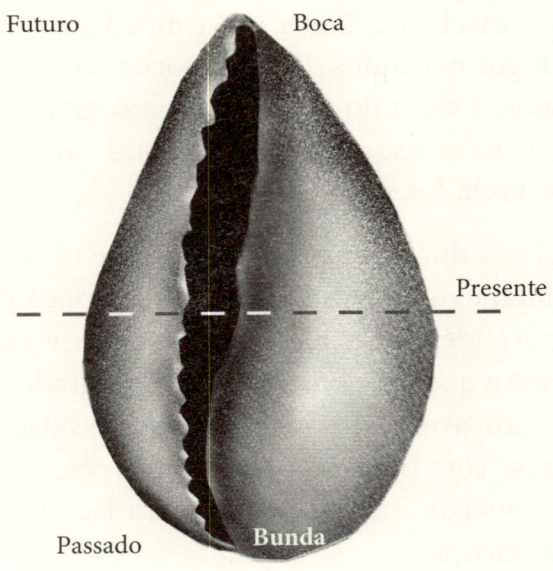

Figura 2: Búzio principal (Oxalá) aberto

Como e
Onde Jogar

É desejável que haja, no interior do Templo ou Terreiro, um local predeterminado para a realização do jogo, pois esse local permite um atendimento reservado e sigiloso. Quando não existe essa possibilidade, o melhor lugar é ante o congá e, naturalmente, isso não pode ocorrer em dias de trabalho, pois até mesmo a presença de entidade poderia ser prejudicial. Esclareçamos que o lugar ideal para o jogo de búzios são as areias molhadas da praia, aos primeiros raios do sol. Como isso quase nunca é possível, normalmente nós nos servimos do próprio terreiro, procedendo da seguinte forma:

a) Preparo Prévio para o Jogo de Búzios

Antes de dar início a uma jogada, o verdadeiro sacerdote de Ifá deverá tomar uma série de providências, a saber:
• Ifá não fala em um corpo sujo, ou seja, é necessário que haja, de parte do Babalaô, um preparo prévio, que geralmente consiste na abstinência de carne e álcool por um período nunca inferior a 24 horas do início do Jogo de Búzios. É desejável 48 horas para que somente a vibração original do Babalaô e do consulente entrem em contato com

os búzios, sendo desejável, embora não imprescindível, o mesmo cuidado por parte do consulente.

• Antes do início do jogo e, geralmente, antes mesmo da presença do consulente, o Babalaô fará seus ingorossis ou rezas cantadas (pontos), a defumação e pedirá a Ifá suas luzes para que consiga ver nas conchas as respostas às suas dúvidas.

• A partir do momento em que se inicia a jogada, o Babalaô não deverá tocar com as mãos objetos profanos ou que não tenham sido preparados pela defumação para os trabalhos nem tampouco estender as mãos para cumprimentar alguém que chegue ou se retire do local do trabalho, pois, se assim proceder, estará recebendo vibrações estranhas a si mesmo e arriscando comprometer o trabalho.

Um ogã (auxiliar), de inteira confiança, deverá estar atento para auxiliar o Babalaô no que for necessário.

Para determinação do Orixá, o consulente deverá seguir os mesmos preceitos que o Babalaô (só para saber o Orixá).

Material Necessário

Além dos 16 búzios e da peneira, o Babalaô deverá servir-se dos seguintes materiais:
- Uma quartinha com água pura (cachoeira, mina, etc.)
- Uma quartinha com amaci
- Uma vela de quarta consagrada a Ifá
- Uma tigela ou pequeno alguidar com sal virgem (grosso)

Desenvolvimento

O Babalaô disporá os diferentes objetos sagrados, conforme a figura abaixo:

CONGÁ OU ALTAR

Quartinha com água → ◯   ◯ ← Amaci   ← Ogã

◯ ← Sal

Esteira →

Peneira com búzios

Consulente

Babalaô

◯ Vela do consulente   ◯ Vela de quarta

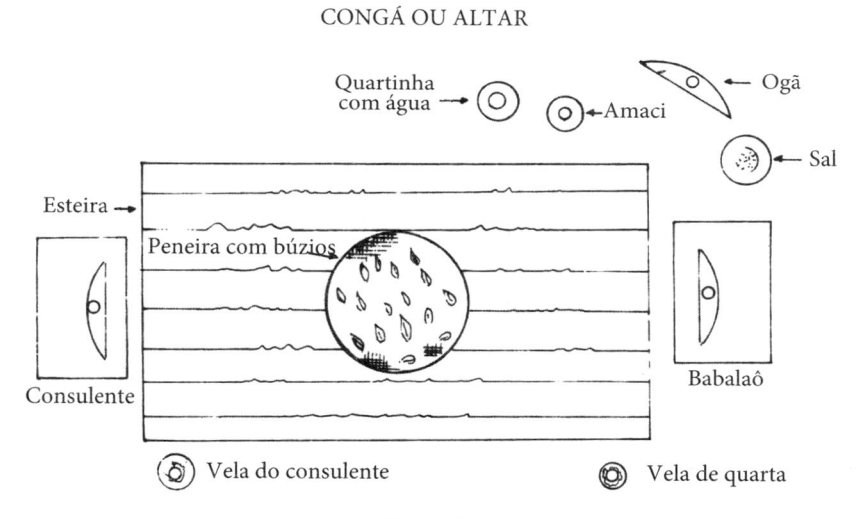

Figura 3

Modo de se Jogar

O consulente, trazendo nas mãos uma vela, irá sentar-se diante do Babalaô, acenderá sua vela na chama da vela de quarta e a firmará à sua direita. A seguir, estende seu copo, tigelinha ou alguidarzinho, para que o Babalaô deposite um pouco de sal. O ogã se encarregará de depositar a água na vasilha em que se encontra o sal. O consulente molhará sua mão nessa salmoura e o Babalaô, antes de cada pergunta, fará com que a pessoa retenha, durante alguns segundos, os búzios em suas mãos, para que estes possam absorver as vibrações emitidas por elas. Após o que, o Babalaô mentaliza a pergunta e deixa cair os búzios na peneira, passando a interpretá-los.

b) Noções Básicas sobre o Jogo de Búzios

O jogo de búzios inicia-se quando, pela primeira vez, o búzio de Oxalá cair aberto, isso quer dizer que Ifá falará (se quando o Babalaô fizer a jogada, o búzio correspondente a Oxalá cair fechado — a fenda para baixo —, o jogo deverá ser repetido). Se, ao cabo de algumas jogadas, persistir caindo negativamente, explica-se ao consulente que algo não deve estar certo, pede-se a ele que faça um preparo adequado (abstenha-se de carne, álcool, sexo, etc., durante dois ou três dias), antes de repetir a jogada. O mesmo acontece quando, por acaso, ao se efetuar uma jogada, uma ou mais conchas caírem, repetidas vezes, fora da peneira (espirrarem).

Quando Oxalá fala favoravelmente no início de uma jogada, e todas as conchas caem dentro da peneira, inicia-se a interpretação, considerando que falaram abertos ou positivamente, aqueles que caíram com a fenda para cima e que falaram fechados ou negativamente, aqueles que caíram com a fenda para baixo.

Quando jogamos apenas para determinar qual o Orixá ao qual pertence o consulente, devemos buscar nos búzios uma figura que se pareça com o símbolo do Orixá. Exemplo: será de Xangô se a figura lembrar um machado ou um raio, com muitos búzios formando a figura; será de Iansã se mostrar uma taça ou uma vaga semelhança com um raio fraco (mambembe) com poucos búzios formando a figura; se lembrar uma estrela do mar, será de Yemanjá e assim por diante. Às vezes, em uma mesma jogada, falam os Orixás de frente e o juntó, isso ocorre quando Oxalá falar em uma composição e Yemanjá em outra, e as duas mostrarem, de maneira inequívoca, as figuras ou símbolos representativos dos Orixás, se bem que boa parte do jogo é puramente intuitiva (Ifá, grande mestre do saber, guia nossa mente no sentido de uma mais exata interpretação). Deve-se conhecer todas as regras básicas para evitar erros, assim todo Babalaô tem a obrigação de conhecer cada um de seus búzios, seja qual for a posição em que eles caiam.

c) Como Interpretar as Jogadas

Comecemos descrevendo um búzio.

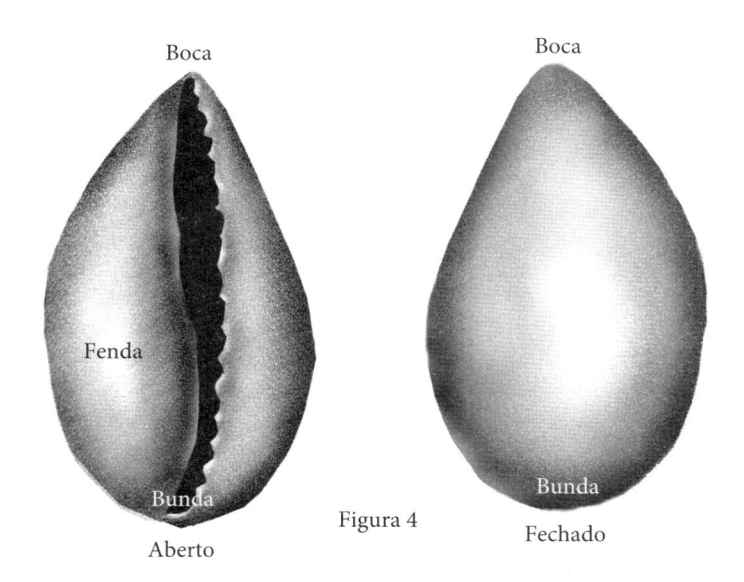

Boca
Boca
Fenda
Bunda
Bunda
Aberto
Fechado

Figura 4

As jogadas somente serão corretas e completas quando a pergunta for realizada corretamente. Em outras palavras, se não soubermos perguntar exatamente o que queremos saber, não poderemos ter uma resposta satisfatória. Exemplo: se uma determinada pessoa deseja saber algo sobre sua saúde e ela fizer a pergunta nos termos de *será que eu vou me curar?* Quando a resposta dos búzios indicar o búzio de Oxalá aberto (fenda para cima) apontando na direção do búzio de Cosme e Damião ou Obaluaiê também falando aberto, a pergunta será afirmativa. Se esses mesmos búzios estiverem fechados, o resultado será uma resposta negativa.

É de suma importância ressaltar que o bom Babalaô nunca se limitará a observar apenas esses dois búzios supracitados, mas procurará certificar-se de, além desses mencionados, quais as mensagens sugeridas pelos demais. Exemplo: na totalidade existem mais búzios abertos ou fechados? Se abertos, a indicação será sempre de uma situação positiva, ou favorável. Caso contrário, a indicação seria de uma situação negativa ou desfavorável. Além disso, os búzios de Oxalá e Yemanjá têm um peso maior que os demais búzios e é preciso também verificar a que distância se encontram, e em que tempo se situam, para avaliarmos melhor a jogada em conjunto. Observe a figura a seguir:

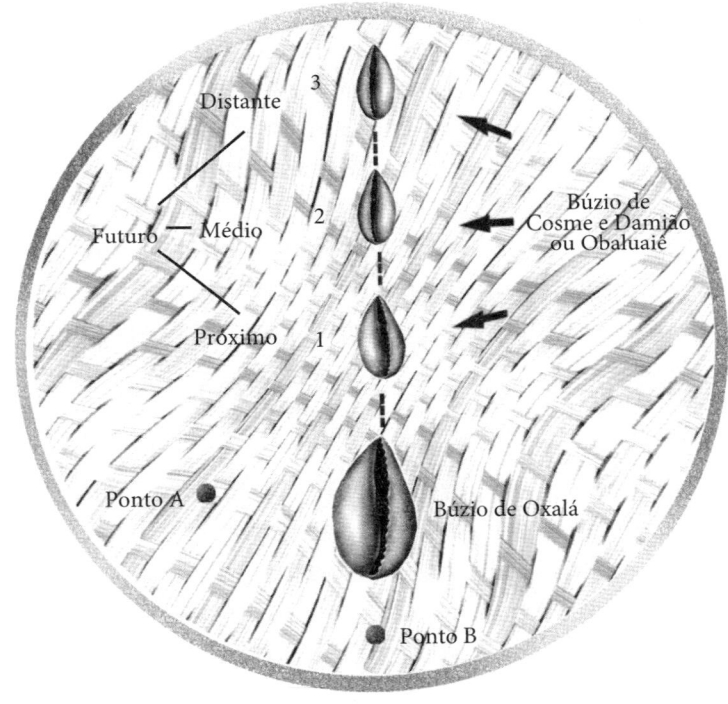

Figura 5

Na figura 5 vemos que o imaginário búzio de Cosme e Damião ou Obaluaiê está perfeitamente alinhado com o de Oxalá, porque este está exatamente no prosseguimento de sua fenda. Essa configuração é exata, mas na prática isso raramente acontece com tanta precisão; de qualquer forma, deveríamos interpretar a figura assim:

a) Búzio próximo 1: A cura virá muito breve.
b) Búzio médio 2: A cura ocorrerá em médio prazo.
c) Búzio distante 3: Haverá alguma demora na cura.

Além de considerarmos que mesmo caindo aberto ele poderia não estar alinhado e no futuro, por exemplo, se o búzio estiver aberto no ponto A, diríamos que a cura já está acontecendo ou já estava em curso; e se o búzio aberto estivesse no ponto B, diríamos mesmo que talvez o que o paciente sentisse fossem sequelas, pois a cura já havia ocorrido, visto que a parte posterior do búzio, mais larga e que ganhou do idioma africano Bundo o nome popular de bunda, indica o que ficou para trás, ou seja, o passado.

E o que aconteceria se o mesmo búzio houvesse caído fechado? A resposta evidentemente seria negativa e o distanciamento ou não alinhamento nos informaria quais as gradações da deterioração da saúde; se por desgraça esse mesmo búzio for de **Obaluaiê** e estiver fechado, podemos mesmo esperar por um desenlace fúnebre.

E O QUE DEVEMOS FAZER NESSE CASO? Devemos informar o consulente sobre o que estamos vendo? Devemos dizer-lhe que vai morrer?

É CLARO QUE NÃO. Um Babalaô é antes de tudo um sacerdote e não um verdugo, é preferível sair-se com evasivas, alegar qualquer outro motivo, se possível agir rapidamente, recolhendo os búzios, MAS NUNCA, em hipótese alguma, fazer uma revelação de tal ordem.

Ser Babalaô não é apenas interpretar corretamente o que lhe dizem os búzios, mas ser capaz de discernir entre o que pode e o que não pode nem deve ser revelado. Ser Babalaô é mais ainda: é procurar, no fundo de si mesmo, energias insuspeitas, para auxiliar quem lhe procura em um momento desses.

SE FOR NECESSÁRIO, É PREFERÍVEL PASSAR POR UM BABALAÔ INCOMPETENTE, DO QUE REVELAR ALGO QUE POSSA TRAZER PÂNICO OU DESESPERO AO CONSULENTE; às vezes, é preferível "errar" quando isso é o melhor ou a única coisa a ser feita.

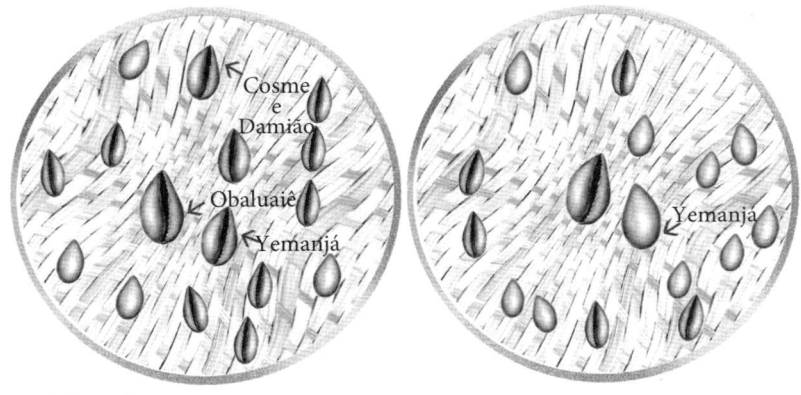

Figura 6

Figura 7

Na figura 6, vemos uma situação em que imaginariamente os demais búzios apontam um quadro geral bastante favorável, com 12 búzios abertos e quatro fechados: isso nos levaria a imaginar uma situação geral favorável. Já na figura 7, o número de búzios fechados suplanta o de abertos, o que indicaria uma situação negativa ou desfavorável, conforme o maior ou menor número de búzios abertos ou fechados.

Naturalmente, iremos transferindo por meio de vários exemplos a forma, a maneira de darmos início à interpretação. É lógico que entender uma pauta musical não faz de um leigo um músico excepcional, mas também é lógico que, se não souber ler, interpretar as notas musicais, dificilmente chegará a ser músico; enfim, há quem toque de ouvido e bem, por isso, nosso objetivo será sempre o de ensinar como se chega à interpretação correta, à leitura perfeita dos búzios e não à cantilena surrada de Odus, fixos como tabelinhas, cujos resultados deveriam ser sempre iguais, mas que variam de interpretação conforme o humor ou a necessidade de cada um. Vamos interpretar com a razão e não com o coração.

Prosseguindo, esclareço que, na interpretação, teremos sempre em conta que nunca ficaremos atentos apenas ao teor da pergunta e ao búzio que diretamente lhe responde, mas sim entendendo que ninguém é só no Universo. Tentaremos ver sempre, além dos búzios diretamente relacionados, também o que informam os demais, pois é a totalidade, o conjunto que nos dará o resultado final.

Dessa forma, em um exame superficial dos jogos já relatados na figura 6, o búzio de Yemanjá favorável, interpretaríamos como uma força, um interesse a mais na recuperação do paciente (a mãe auxiliando a cura?). Já na figura 7, esse mesmo búzio está negativo, entenderíamos então a ausência dessa força vibratória ou o desinteresse na cura por parte desse elemento, isso também poderia traduzir-se por um impedimento em auxiliar na referida cura.

Como vimos, uma simples pergunta que permite SIM ou NÃO como resposta comporta um universo de reflexões, e o Babalaô deverá fazê-las como se fora um computador dando as respostas, às vezes, em frações de segundo, embora eu pessoalmente prefira repensar as palavras antes de passar o resultado final ao consulente.

Observe a figura abaixo:

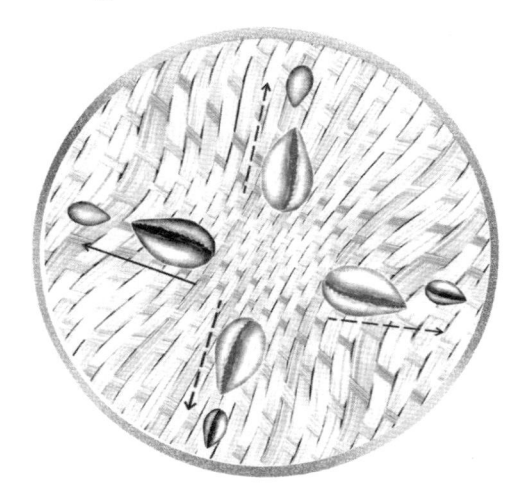

Figura 8

Na figura 8, verificamos que não importa qual o teor da pergunta, a interpretação, necessariamente, terá início pelo búzio para o qual se volta o búzio maior, ou seja, o consagrado a Oxalá. Então, muitas vezes encontraremos um búzio que aparentemente nada tem a ver com a pergunta. Por exemplo: se na pergunta anterior sobre a cura, em vez de falar imediatamente o búzio de Cosme e Damião (médicos em vida) ou de Obaluaiê (Orixá da peste e da morte), houvesse falado primeiro o búzio de Nanã, isto é, fosse o búzio de Nanã o que houvesse falado mais próximo da linha reta, que passando pelo centro da fenda do búzio de Oxalá se irradia para os extremos, qual seria nossa interpretação?

Nanã é o mais velho dos Orixás, sua característica é a idade avançada, é entre os Orixás aquele que está exatamente antes do fim, então estaria a nos dizer, se aberto, que a cura seria lenta, pois o problema é antigo; ou se fechado, uma cura difícil, provavelmente uma moléstia incurável. Isso posto, fica claro que é absolutamente indispensável conhecer profundamente a característica de cada Orixá, ou fatalmente incidiremos em erros.

Além disso, ao contrário do que acontece no Candomblé, na Umbanda não se cultuam apenas os Orixás positivos e negativos, mas também algumas entidades que mais comumente se utilizam de nossos corpos físicos para suas manifestações. Ora, cada entidade tem também suas características peculiares e que naturalmente variam de médium para médium e de entidade para entidade que, apesar da coincidência de nomes que às vezes encontramos, se tratam de entidades distintas.

Para mais esclarecimentos sobre os dez principais Orixás cultuados na Umbanda e suas características aplicadas ao jogo de búzios, recomendo a leitura da obra *Orixás na Umbanda e no Candomblé*, da Madras Editora. Nela são abordados, sobre cada Orixá, os aspectos e as características na Umbanda e no Candomblé.

Quando jogamos para determinar o Orixá de uma pessoa, é necessário que esta faça um preparo prévio que consiste no seguinte:

1— Abster-se de ingerir carne, seus derivados e também os chamados tributos naturais (mel, leite, ovos, etc.). Por quê? Porque esses produtos guardam por muito tempo as vibrações dos animais de origem, e nosso desejo é o de que o consulente se apresente o mais próximo possível de sua vibração original.

2— Abster-se de álcool e de qualquer outro produto artificial que possa alterar a psique do indivíduo e atrair vibrações negativas.

3— Abster-se de visitar hospitais, cemitérios, presídios ou outros lugares onde haja dor, sofrimento e revolta, pois essas vibrações fatalmente se somarão às vibrações do consulente, causando desarmonia à sua aura, ao seu campo vibratório.

4— Abster-se, nas 48 horas que antecedem o jogo, de manter intimidades ou relações sexuais, evitar mesmo dormir no leito de outra pessoa. Por quê? Não porque seja pecado, como já ouvi falar muitas vezes, mas sim porque no relacionamento íntimo, na interpenetração de corpos, existe uma permuta de vibrações, que, se em condições normais é saudável e benéfica, aqui seria inconveniente, pois alteraria o quadro vibratório original do consulente, que pretendemos manter até o instante em que toma em suas mãos os búzios e os retém durante alguns segundos, para lhes transmitir essas mesmas vibrações originais desejadas.

5— Abster-se de incorporar ou estar presente a trabalhos espirituais, principalmente se for médium, pois essas vibrações das entidades, mesmo que benéficas, são estranhas ao consulente.

Não se preocupem, pois com tudo isso, vocês não precisarão passar fome, nada disso, já que podem comer à vontade produtos vegetais, frutas. Além de tudo, isso é feito uma única vez na vida por parte do consulente. Por parte do Babalaô, é necessária essa abstinência toda vez que se preparar para a leitura dos búzios. O sacrifício faz parte do sacerdócio e Ifá não fala em um corpo sujo.

d) A Determinação dos Orixás do Filho de Fé pelos Búzios

Na busca pelas figuras que representem os Orixás, precisamos estar sempre muito atentos, pois é necessário uma certa familiaridade para deixar de ver apenas conchinhas, para começar a ver as figuras; mas uma vez vencida essa barreira, o jogo passa a ser facilmente interpretado.

Alguns itens devem ser observados, como, por exemplo, o de nunca jogar duas vezes para a mesma pessoa, com o objetivo de determinar o Orixá, pois é difícil encontrar duas vezes o indivíduo em condições ideais de jogar; além do mais, isso só serve para perder tempo e criar complicações desnecessárias.

O Babalaô só deve considerar que falaram corretamente os dois Orixás em uma única jogada quando esta não deixar margem a dúvida, com um número equilibrado de búzios falando simultaneamente em cada figura e estas estarem nitidamente separadas, com os búzios de Oxalá em uma e os de Yemanjá em outra figura; a que tiver o búzio de Oxalá falará pelo Orixá de frente ou *Pai de Cabeça*, independentemente de o Orixá ser masculino ou feminino, e a que tiver o búzio de Yemanjá falará necessariamente pelo juntó (adjunto ou complemento) ou *Mãe de Cabeça*, também independentemente de se tratar de Orixá masculino ou feminino.

Quase sempre há um Orixá masculino e um feminino, mas é preciso não esquecer que isso é um pouco difícil de ser afirmado, pois os deuses do Panteon Africanista às vezes são chamados "metá metá" (alternadamente masculino e feminino na mesma entidade), coisa algo complicada para a mentalidade ocidental, mas perfeitamente natural para o africanista.

Para maior facilidade, anexamos um gráfico (figura 16, pág. 54), onde se encontram as mais comuns formas de representação dos Orixás.

Quando for jogar para determinar o Orixá, o Babalaô pedirá ao consulente que retenha em sua mão, por alguns segundos, os búzios. Após o que deverá entregá-los para o Babalaô realizar a jogada para determinar o juntó; o consulente reterá os búzios na mão esquerda. Se feita a primeira jogada, e se falarem os dois Orixás, não há necessidade de efetuar a segunda. Em qualquer caso, seja ou não para determinar o Orixá, nós nunca poderemos efetuar o jogo sem que os búzios tenham estado durante algum tempo nas mãos do consulente que, por sua vez, estará molhada de água e sal, justamente para que as vibrações do consulente possam ser passadas para os búzios; daí a razão pela qual não podemos jogar por alguém ausente, também seria demais pretender que um Babalaô pudesse, dessa forma, conhecer segredos e particularidades de outra pessoa, sem que esta o consentisse.

Vejamos, agora, alguns exemplos.

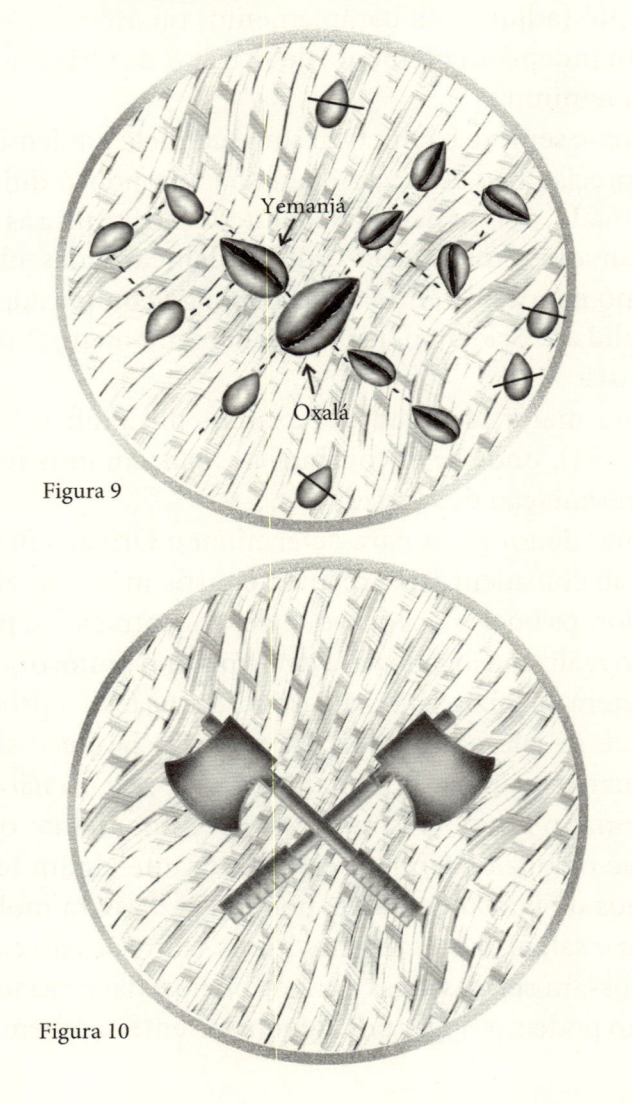

Figura 9

Figura 10

Na figura 9, vemos os búzios e, na figura 10, a figura que ele forma. Como Oxalá e Yemanjá não constituem figuras separadas, concluímos que apenas um Orixá falou e, seguindo a indicação fornecida pelos búzios de Oxalá, encontramos na figura total dois machados de Xangô. Dos 16 búzios, quatro não constituem uma figura e são desprezados e, na representação, estão riscados.

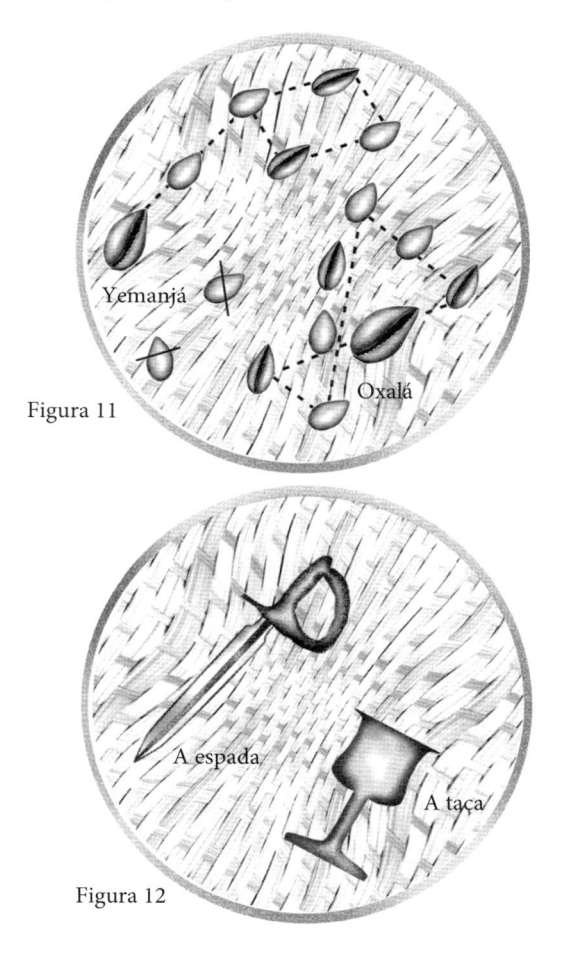

Figura 11

Figura 12

Na figura 11 falam distintamente, em figuras diferentes, Oxalá e Yemanjá. Nesse caso, podemos determinar os Orixás simultaneamente. Onde fala Oxalá, é o Orixá de frente, e onde fala Yemanjá, é o juntó (complemento). A taça de Iansã nos dá o Orixá de frente e a espada de Ogum, o juntó. A figura 12 mostra os símbolos obtidos na jogada da figura 11.

Na figura 13, estão apenas os búzios como caíram na peneira, uma vez que Oxalá e Yemanjá falam em uma única jogada. Só podemos, então, determinar o Orixá principal (frente).

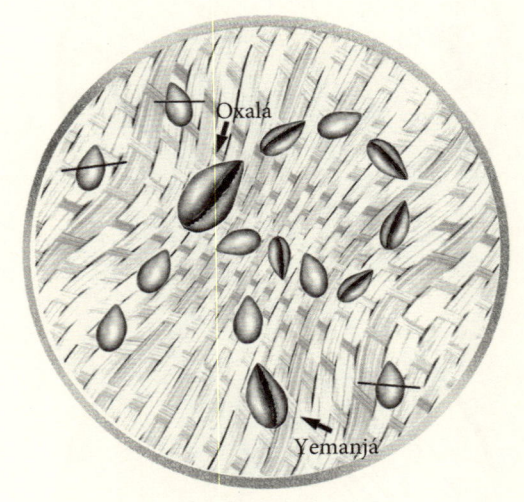

Figura 13

No princípio, é complicado porque só conseguimos ver as conchas, mas, pontilhando na direção que Oxalá aponta, começamos a distinguir a forma da figura representativa (figura 14).

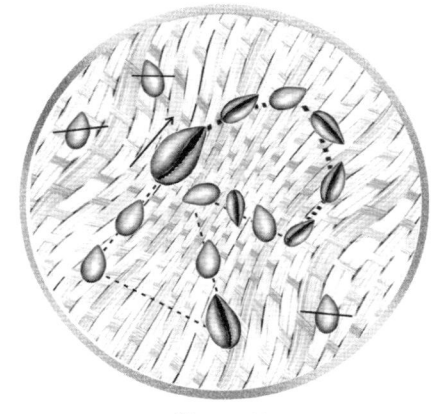

Figura 14

A seguir (figura 15), estilizada, está a figura de um ebiri, o instrumento ou símbolo de Nanã Buruque. Desprezando-se os poucos búzios que não falaram (três), o Babalaô, por meio da figura encontrada, dirá que o consulente é filho de Nanã Buruquê.

Figura 15: O ebiri como é visto pelo Babalaô.

A seguir (figura 16), mostramos os principais símbolos dos Orixás cultuados na Umbanda.

As Cores na Umbanda

Cor	Orixá	Santo Católico
Branco	**Oxalá** Linha que não se incorpora. A significação do branco é a presença da luz.	Jesus Cristo
Amarelo	**Inhaçã** Mais próximo do branco. Notar o amarelo nas auras dos santos.	Santa Bárbara
Rosa	**Ibeji** Linha das crianças. Espíritos puros.	São Cosme e São Damião
Azul	**Yemanjá e Oxum** O Princípio criador.	Nossa Senhora da Conceição e todas as chamadas Nossa Senhoras
Verde	**Oxossi** Elemento jovem e altruísta — A pureza das Matas.	São Sebastião
Vermelho	**Ogum** Espírito marcial que executa e preserva a lei.	São Jorge
Marrom	**Xangô** Elemento maduro e justiceiro.	São Jerônimo ou Moisés
Roxo	**Nanã Buruquê** Elemento maduro e senil. A proximidade do fim.	Santa Ana
Preto e Branco	**Obaluaiê** É a ausência da vida e da luz.	São Lázaro

Principais Símbolos dos Orixás

Oxalá fig. 16a	
Iansã fig. 16b	
Cosme e Damião ou Ibeji fig. 16c	

A melhor representação para Cosme e Damião (Ibeji), quando se joga os búzios, é uma dupla coluna (gêmeos).

Yemanjá fig. 16d	
Oxum fig. 16e	
Oxóssi fig. 16f	

Ogum

fig. 16g

Xangô

fig. 16h

Nanã

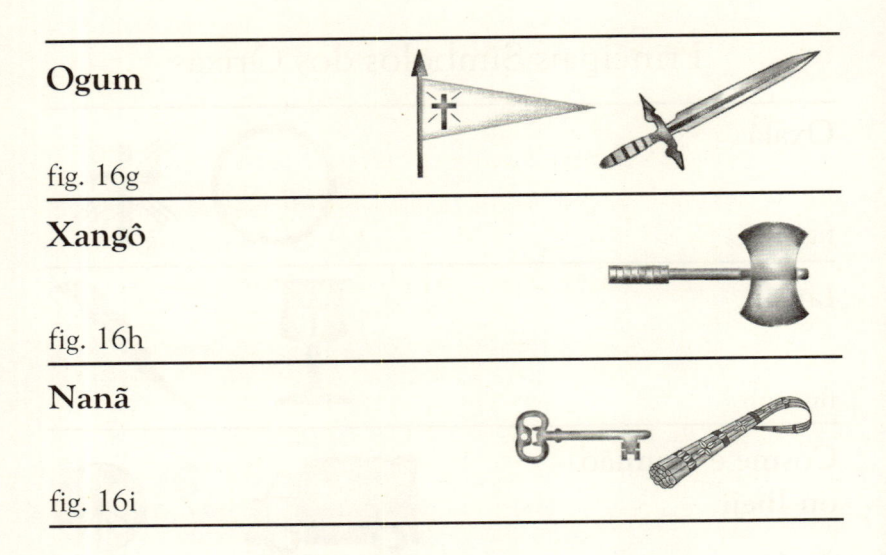

fig. 16i

Para Yemanjá, são comuns outros símbolos, quando se jogam os búzios, tais como as ondas e o barquinho à vela.

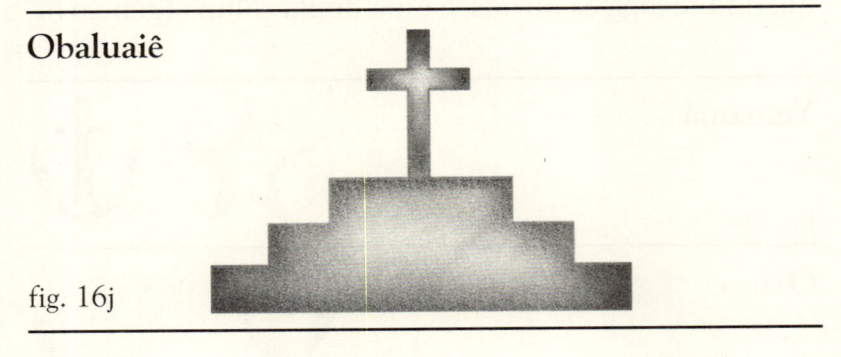

Obaluaiê

fig. 16j

O que Dizem os Búzios de Cada Orixá

(O que Representam no Jogo)

Oxalá

O búzio de OXALÁ representa o consulente, a pessoa que faz as perguntas. Somente é possível iniciar uma jogada quando o búzio cair aberto, ou seja, a fenda natural voltada para cima (NUNCA JOGAR COM BÚZIOS CORTADOS), sem essa primeira jogada simplesmente não há jogo de búzios, qualquer tentativa de interpretação estaria prejudicada. Todavia, isso se aplica somente no início de cada pergunta ou assunto, pode-se efetuar a leitura com o búzio de OXALÁ, falando negativo, se a jogada for para uma segunda, terceira ou mais perguntas relacionadas ao mesmo assunto.

Toda vez que o assunto mudar é necessário que o búzio de Oxalá autorize a primeira pergunta (caia aberto), o início da interpretação. Por ser o principal Orixá masculino, ele é a bússola que nos indicará por onde se deve começar a leitura. Não é conveniente mover os búzios à medida que se vai interpretando, pois isso dificultaria ou até mesmo impediria a interpretação. Essa prática usada com frequência diante de público leigo ou câmeras de televisão acabou virando uma rotina, mas na verdade é apenas a prova de que o pretenso Babalaô (PAI DO SEGREDO) ou é falso ou não domina a arte da adivinhação por esse método.

Muitas vezes os búzios demoram para abrir o processo divinatório, ou seja, o búzio correspondente a OXALÁ cai fechado repetidas vezes; isso significa que o consulente (e às vezes o Babalaô), não se encontra em condições adequadas a fazê-lo. As pessoas, em geral, e os médiuns, em particular, comumente são como esponjas que absorvem com muita facilidade vibrações estranhas, às vezes perniciosas, outras benéficas. Quando no primeiro caso, essas vibrações impedem que, ao contato das mãos do consulente com os búzios, estes absorvam uma vibração autêntica do consulente, o que torna difícil dar início à consulta. É preferível não insistir, se após quatro ou cinco jogadas o búzio de OXALÁ persistir em responder negativo.

A única exceção é quando a consulente se encontre grávida (principalmente em fim de gestação), nessas ocasiões quem fala pelo consulente geralmente é o búzio de Yemanjá, mesmo assim é IFÁ, ou melhor explicando, o búzio de Oxalá, quem autoriza o início da jogada. A interpretação fica mais fácil, nesse caso, quando YEMANJÁ e OXALÁ caírem ambos abertos.

No jogo dos búzios, a função do búzio de OXALÁ é comandar a jogada, além disso somente os búzios de Oxalá e de Yemanjá têm um peso, um poder determinante maior que os dos outros Orixás, mas volto a insistir que nunca se deve interpretar o jogo considerando-se apenas esses dois búzios, e as respostas na base do sim e não só se justificam no início do aprendizado. Muito importante também é que, qualquer que seja o assunto ou a pergunta, passado, presente ou futuro também serão determinados única e exclusivamente pela posição do búzio de OXALÁ. Concluindo, uma pessoa deixa seu lar para dirigir-se a um terrreiro a fim de consultar os búzios, no ônibus ou trem de subúrbio é forçada a estar muito próxima de uma pessoa, desconhecida, mas que se encontra vibrando negativamente, isso fatalmente alterará a vibração do consulente, prejudicando a leitura dos búzios; o mesmo aconteceria se o consulente antes de jogar estivesse presente a um enterro, ou a uma cadeia, um hospital ou qualquer outro lugar onde haja muita dor e sofrimento, nesses casos é melhor não jogar. Esse tipo de problema não acontecia no passado, quando as distâncias não eram tão grandes e os consulentes iam a pé ou montados em animais até o local da consulta e, se por acaso percebessem que cruzariam com alguém, pura e simplesmente alteravam seus rumos para impedir o encontro e, dessa forma, chegarem em condições ideais ante o Babalaô. A principal função do búzio de OXALÁ é autorizar ou não a interpretação e dar ênfase a determinadas jogadas.

Iansã

O búzio consagrado a IANSÃ reflete a personalidade do Orixá, elemento efusivo, jovem, temperamental e brilhante, é a mulher cheia de caprichos, manhas e artifícios que, aparentando submissão, domina e que de tão altiva nunca passa despercebida, é um sol entre as yabás, a mais invejada e também a mais temida. Por isso, na interpretação dos búzios, é indispensável que se considere todas as qualidades características do Orixá, ela é também chamada de "MOÇA RICA" e "MULHER DO REI" (XANGÔ É REI, afirmam inúmeros pontos cantados), por isso quando da interpretação ela também fala por ouro e valores materiais. A uma pergunta que envolva valores materiais, sua resposta positiva ou negativa exerce grande influência. No passado, uma pergunta comum era sobre o resultado de uma empreitada. Exemplos: uma boa caçada, um bom preço para o gado, uma boa colheita, etc., coisas importantíssimas para os pastores, caçadores e lavradores, pois a qualidade de suas vidas dependia desses resultados. Hoje, principalmente nos grandes centros urbanos que, premidos pela necessidade, se encontra a maioria dos seguidores afros, a mesma resposta deveria ser interpretada como um bom negócio, a realização de uma transação lucrativa, uma produção elevada e favorável em termos de comercialização, tudo naturalmente dependendo da pergunta formulada e da forma pela qual ela é exposta.

Iansã fala ainda por grandes paixões, por vitórias sobre outras mulheres na conquista de um bom partido, por vaidade, por exaltação, sucesso em atividades feéricas, etc. É a luz, o brilho, o fulgor, mas sua resposta negativa também é a ausência de todos esses fatores.

São justamente essas diferentes nuances que permitem ao Babalaô uma resposta precisa e é também por esse motivo que o referido sacerdote deve cumprir, com esmero e dedicação, cada uma de suas obrigações religiosas.

Ibeji ou Cosme e Damião

O búzio do Orixá do "Parto Gêmeo", os ERÊS, as CRIANÇAS e outros nomes similares, pelos quais são conhecidos popularmente, não deve ser confundido com o búzio que é consagrado àquele determinado Erê ou Criança com o qual o Babalaô eventualmente trabalhe, embora haja naturalmente uma grande aproximação entre ambos (as pessoas, bem como as entidades que nada mais são do que pessoas sem um corpo físico, aproximam-se naturalmente por suas afinidades, e qual a criança que não busca a companhia e a amizade de outra criança?).

Pelo exposto, é bom diferenciarmos bem o búzio de COSME e DAMIÃO do de CRIANÇA, pois suas características diferem, e bastante. No sincretismo religioso, COSME e DAMIÃO eram médicos (veja mais detalhes lendo a obra *Orixás na Umbanda e no Candomblé*), em vista disso é principalmente sobre a Medicina que fala o búzio consagrado a COSME E DAMIÃO. Sua proximidade do búzio de OXALÁ, seu alinhamento, aberto ou fechado, nos informará sobre a evolução de uma enfermidade, sobre o estado atual e as possibilidades de uma recuperação rápida ou demorada. Nesses casos, é muito importante observarmos também os búzios consagrados a Obaluaiê (o médico dos pobres entre os africanos e também o consagrado a Nanã), pois estes podem lhe informar melhor sobre os antecedentes da enfermidade, se recente, se antiga, etc. Veja que é imprescindível o conhecimento dos demais ORIXÁS, que, como neste caso, só aparentemente não tem nada a ver com o assunto. É do estudo dessa inter-relação que chegamos à interpretação correta, que não é coisa simples, mas também não é impossível.

A proximidade ou o alinhamento do búzio de COSME e DAMIÃO com o de YEMANJÁ (DEPENDENDO, É CLARO, DA PERGUNTA FORMULADA) nos lembra ou nos leva a pensar em um caso de gravidez, mas não é somente sob esse aspecto que COSME e DAMIÃO falam. Por exemplo, se a pergunta for relativa a um novo empregado em uma nova atividade, pode informar êxito ou insucesso por inexperiência, facilidade ou dificuldade no aprendizado, necessidade de colaboração (SÃO PARES, PRECISAM DE AJUDA MÚTUA), etc.

Nunca se deve esquecer que o conselho de COSME e DAMIÃO, por intermédio dos búzios, não pode nem deve dispensar o auxilio do profissional da Medicina e que, muito ao contrário, na maioria dos casos mais sérios, ele aponta nessa direção. Não podemos nem devemos desprezar os conhecimentos do médico e, além do mais, os búzios são um meio de diagnóstico, única e exclusivamente um meio de diagnóstico; as decisões devem ser tomadas pelo consulente e, em se tratando de doença física, sempre se deve consultar um médico competente, mesmo que paralelamente se trabalhe também com os chamados médicos do espaço ou nossos guias espirituais.

O búzio de Cosme e Damião também pode manifestar-se em outras perguntas, independentemente de o assunto envolver saúde ou doença, e nesses casos geralmente fala por: início de atividade, inexperiência, aprendizado ou pouca responsabilidade, características de crianças, naturalmente dependendo da maneira de formular a pergunta e também da forma como cair ou falar o búzio.

Oxum

Carente, dengosa, sensível, bondosa, DODÓI, na linguagem popular, Oxum transmite todas essas características ao búzio a ela consagrado, aquele que leva seu campo vibratório. Esta "FLOR DE ESTUFA" nos dá valiosas informações no campo familiar e, muitas vezes, quando o assunto for família e Yemanjá já houver falado, Oxum pode falar por uma filha adolescente ou jovem adulta, pode ser uma segunda mulher na vida de um mesmo homem e, nesses casos, geralmente casada e/ou com filhos (SE JOVEM E SOLTEIRA, POSSIVELMENTE SERIA REPRESENTADA POR IANSÃ) ou até mesmo uma sogra jovem. Oxum representa sempre uma mulher jovem e, às vezes, quando a pergunta se referir a valores, negócios, etc. ela pode falar por lucros, pois também é conhecida por OXUM DE OURO.

Quando na condição de "A OUTRA", perguntas que acontecem com muita frequência, e da qual o Babalaô, esperto, procura sempre fugir, evitar, pois pode trazer sérias consequências, geralmente se trata de mulher carinhosa, dengosa, que sabe delicadamente agradar, e o conhecimento desse fato pode ajudar uma esposa esperta a reconquistar seu marido, procurando dedicar-se mais e suprir o que o mesmo vem encontrando na OUTRA. Ser Babalaô é, antes de tudo, ser sensível às exigências do sacerdócio, e a palavra RELIGIÃO, do latim *relicare*, significa religar, reaproximar; a religião umbandista ganharia muito em prestígio e respeito se seus sacerdotes usassem melhor seus conhecimentos nesse sentido. Se o búzio indicar uma OUTRA na vida do casal, antes de pensar em vinganças, que tal tentar ensinar a esposa traída como proceder para manter seu casamento?

Se a pergunta envolve outros assuntos, tais como negócios, mudanças, etc, Oxum vai sempre sugerir uma situação de evolução, crescimento ou desenvolvimento, princípio de estabilidade (ainda não perfeitamente definida). Naturalmente que, se o búzio estiver negativo, seriam as mesmas características inversas.

Mas o búzio de Oxum quase sempre se manifesta mais em perguntas que envolvem o plano familiar, exemplos: o rapaz que quer saber da namorada, o amante ciumento, a menina levada, a jovem indecisa, etc.

Oxóssi

Oxóssi, de alguma forma, é o elemento masculino que se equivale a Oxum. É jovem, altruísta, honesto, dedicado, leal e impetuoso. Tem uma grande instabilidade emocional, o que faz com que chegue muitas vezes a extremos:

ou desiste com facilidade ou finca raízes e nada consegue demovê-lo, mas geralmente predomina a não persistência, por isso não raramente desiste com facilidade.

Oxóssi fala por conquistas, vitórias, entusiasmo, realizações, empreendimentos, é o início promissor, é honesto, raramente representa outro homem na vida de uma mulher, pois é essencialmente honesto; por isso, quando em uma pergunta que envolva, por exemplo, a conveniência de um negócio em sociedade, ele cair fechado e trancando a linha de Oxalá, isso significa que um dos sócios não vai corresponder à honestidade esperada; em outras palavras, é uma sociedade que não vai dar certo.

O mesmo se aplicaria a uma fiança, a um contrato de aluguel, a parceria em um empreendimento, fala pela coisa certa, sem gatos escondidos, sem mutretas.

OXÓSSI fala pela pureza de intenções (A PUREZA DAS MATAS), fala pela correção dos fatos, às vezes pode representar um jovem pretendente ou namorado bem intencionado.

Yemanjá

Yemanjá representa a mãe, a esposa, a companheira, é uma espécie de supermãe, briga muito pela ordem na casa e, por isso, acaba tornando-se mandona. É o principal Orixá feminino, fala às vezes até por Oxalá, como já foi explicado anteriormente. Se a pergunta envolve negócios, seu búzio falará pela firma ou empresa; se for sobre religião, falará pela casa, ou seja, pelo terreiro.

Yemanjá sugere seriedade e é ainda um pouco sovina (pão duro), quase sempre se une aos búzios de Cosme e Damião, Criança ou Oxum, nos assuntos familiares. Nos negócios, fala também por influências maternas que, embora às vezes não tenham diretamente nada com o referido negócio, possam influenciar em quem toma as decisões. Tem o hábito de "bisbilhotar", intrometer-se, intervir, e seu búzio, quando corretamente interpretado, pode facilmente indicar uma dessas situações; se o Babalaô souber informar corretamente e o consulente tiver tato, poderá muitas vezes contornar ou resolver o problema antes que a situação se deteriore.

Yemanjá não fala por ganhos, mas por segurança, amparo, e no campo familiar sempre pela mãe dedicada.

Quando, em uma jogada, soubermos definir quais os informes que nos revelam Oxalá e Yemanjá, já teremos 50% da leitura definida, até sua participação é das mais importantes na determinação dos Orixás, ou seja, quando em uma única jogada Yemanjá e Oxalá formarem figuras separadas (SOMENTE PARA DETERMINAR OS ORIXÁS DO CONSULENTE) e o número de búzios em cada figura não deixar dúvidas quanto à natureza do símbolo encontrado, pode-se determinar os dois Orixás, o de frente e o juntó, em uma única jogada.

Ogum

Espírito marcial, adulto, masculino, teimoso e intransigente; o búzio consagrado a Ogum sugere vitória sobre os adversários, objetivo alcançado, luta e também uma certa malícia.

Se fechado, ante a linha de Oxalá, pode representar sérias dificuldades. As perguntas quanto a causas pendentes ou demandas geralmente são respondidas por Ogum ou por Xangô. Nas que Ogum fala, o resultado é mais imediato, por isso há muito temor nas respostas negativas do búzio consagrado a Ogum.

O "Vencedor de Demandas" é também muito exigente, por isso, quando o interpretamos, devemos ter sempre em mente que este é um Orixá inflexível e, consequentemente, de trato difícil.

Ogum lembra ainda o elemento força, o uso de força física para resolver problemas que melhor seriam resolvidos pelo diálogo, é também matreiro e audaz, um pouco atrevido, e todas as características do Orixá naturalmente serão também transferidas para os búzios, mas, de qualquer forma, é preciso ter em mente que é pelo conhecimento dessas características que se chega à interpretação correta. Onde estiver o búzio de Ogum, lá também estarão todas as características supracitadas.

Quando a pergunta for de âmbito familiar, Ogum poderá falar pelo filho mais velho, por um segundo homem na vida de uma mulher, poderá ainda falar sobre complicações com a lei, etc.

Todo Babalaô deverá ter sempre em mente o importantíssimo fato de que é a pergunta corretamente formulada que lhe permite a resposta certa. O búzio de Ogum não sugere apenas vitória ou derrota. Dependendo de como cair, ele pode também sugerir uma gama imensa de respostas, até em outros casos, por exemplo: a negociação de um imóvel geralmente é feita com muitas propostas e contrapropostas, se a pergunta feita aos búzios sobre esse assunto for favorável, não vá o consulente imaginar que o imóvel lhe será vendido seja qual for a proposta, mas sim como bom soldado (Ogum), o búzio lhe informa que a vitória pode ser conseguida, mas é preciso usar de estratégia para pagar o menor preço possível, sem no entanto "perder a batalha" por ofertar um valor baixo, insignificante ante o bem que se deseja adquirir.

Outro ponto polêmico, mas que vale a pena ser mencionado, é o de que, principalmente quanto ao Orixá Ogum, muita gente só toma decisões que o búzio sugere. É bom lembrar que ele não manda, apenas "SUGERE" e que o consulente é quem deve tomar a decisão, o búzio "INFORMA", o consulente mede o resultado, as informações, pesa as consequências e só a partir de então é que vai tomar a decisão.

Em outras palavras, se o búzio de Ogum nos indica um resultado favorável, PENSE se é exatamente isso que você deseja. Esses longos anos de aprendizado nos fizeram ver muita gente que se crê protegida por Ogum, dar com os burros n'água por exagerar na dose.

Bom senso nunca fez mal a ninguém.

Xangô

Xangô representa o elemento maduro, adulto, experiente. Tem a honestidade de Oxóssi, a coragem e a ousadia de Ogum, mas é um Orixá vivido, por isso procura dosar com igualdade cada ato, cada passo; é o homem na idade do lobo, cada conquista é uma vitória que deve ser alcançada com o uso da experiência. É o Orixá que fala pela justiça.

Em razão das lendas africanas, que misturam o ser mítico com o ser divino, teria sido Rei de Oió e marido de quatro mulheres (a poligamia era normal em quase toda a África, em alguns países perdura até hoje). Além disso, por obra do sincretismo religioso, é identificado como São Jerônimo, santo católico que viveu durante algum tempo cercado de mulheres que constituíam o embrião do que viria a ser uma ordem religiosa feminina. Por isso é tido como Orixá machão ou mulherengo, mas levaríamos muito tempo e espaço para citarmos todos os detalhes dessas lendas católicas ou africanas e, tentando ser mais diretos e objetivos, lembramos apenas de que, embora sincretizado com São Jerônimo, a imagem que o representa na maioria dos congás é a de Moisés, em ambas está com um livro nas mãos (a Bíblia compilada pelo santo católico ou as Tábuas da Lei recebidas diretamente de Deus, pelo profeta hebreu). Faz parte de sua representação um leão manso e dócil, deitado ao pé do santo, o que significa a submissão da força à inteligência da Lei, a força (OGUM) sustenta, embora se submeta a uma quizila (DESINTELIGÊNCIA) com a lei (XANGÔ).

Para quem deseja mais detalhes, recomendamos o livro *Orixás na Umbanda e no Candomblé*.

Além do campo da justiça, Xangô fala também, a exemplo dos demais búzios, em vários outros assuntos pertencentes ao campo familiar, comercial, agrícola, etc. É só o Babalaô ter em mente que todas as características anteriormente mencionadas podem e devem ser corretamente interpretadas à luz do que conhecemos do Orixá e das características de seus filhos. Por exemplo: se a pergunta envolve uma questão de justiça e o búzio de Xangô cair aberto e alinhado com o búzio do Oxalá, significa uma vitória na justiça. Já se a mesma jogada for no campo sentimental ou amoroso, significará a presença dominante de um homem maduro na vida da consulente ou de um rival com as mesmas características se o consulente for um homem. A mesma jogada em uma pergunta envolvendo uma operação comercial significaria um lucro ou ganho justo honesto.

Em resumo, dependendo da forma e local em relação ao búzio de Oxalá, o de Xangô significará vitória na justiça, conquista sentimental, bons negócios; se fechado ou distante, a situação se inverte.

Nanã

Nanã Buruku ou Buruquê é o mais velho dos Orixás, ou melhor, é o elemento feminino velho, irascível de trato difícil, possessivo com relação a suas coisas e principalmente seus dependentes ou herdeiros. É também, contraditoriamente, a vovó dedicada e amorosa, sempre muito preocupada com a família.

Fechado, o búzio de Nanã representa intransigência, dificuldades. Por exemplo: se o consulente perguntar sobre uma mudança de emprego e o búzio de Nanã cair negativo diante do búzio de Oxalá, isso indicaria uma dificuldade séria, melhor seria não arriscar, pois, como elemento velho (TURRÃO), é difícil de mudar de opinião e tem muita dificuldade em enfrentar uma nova situação (o novo emprego).

É também o búzio que nos fala constantemente sobre o tempo decorrido. Exemplo: se em uma determinada pergunta o búzio de Nanã ficar muito distante do búzio de Oxalá, isso significaria que o problema ou o caso é velho, já de muito tempo, pois Nanã fala justamente pela antiguidade do problema pesquisado.

Com BOM SENSO e SAGACIDADE, saberemos também em uma dada pergunta, em face do búzio de Nanã, se ele nos recomenda paciência, cautela, etc.

Nanã como Orixá feminino (A AVÓ DE TODOS OS OUTROS ORIXÁS), fala principalmente no campo familiar, mas isso não quer dizer que não se manifeste em outros assuntos; na verdade, interpretar os búzios é uma arte similar à arte da música, não podemos nos deter somente em uma determinada nota musical, por mais que esta soe melhor aos nossos ouvidos, a harmonia só é conseguida interpretando-se corretamente toda a pauta musical, todas as notas em cada música ou, em outras palavras, todos os búzios em cada jogada.

O verdadeiro Babalaô (O PAI DO SEGREDO) nunca se limita a uma observação superficial dando importância a um único búzio, ele procura ver, enxergar na totalidade dos búzios a imagem verdadeira de todo o quadro, nunca se fixando apenas em um detalhe; a leitura do todo é mais complexa, mas infinitamente mais esclarecedora do que a resposta de um único búzio.

Voltando ao exemplo citado anteriormente sobre esse Orixá em caso de uma resposta positiva, não devemos achar que o mencionado emprego seria fácil, mas sim que a pessoa o conseguiria, porém teria dificuldades de adaptação, uma vez assentado, haveria também muita dificuldade de mudanças, ou seja, o referido imaginário emprego seria desses para toda a vida.

Obaluaiê

Obaluaiê é o Orixá do fim; segundo alguns, o Orixá da morte, das coisas sem solução, é o ponto final da questão. Então, se em uma determinada pergunta ele se apresenta aberto e alinhado com Oxalá, isso significa que o caso tem solução e que pode, consequentemente, ser resolvido; em caso contrário, isto é, com o búzio falando negativamente na mesma posição, isso indicaria que o caso já não comporta solução, é definitivamente o fim.

Se o assunto abordado envolver questões de saúde, pode mesmo representar a morte, o fim, e o tempo em que isso vai ocorrer dependerá somente da distância em que o búzio se encontra do búzio de Oxalá, o búzio colado ao de Oxalá representa um fim muito próximo, um búzio na borda da urupema,[4] significa que o fim, embora certo, ainda deverá demorar para acontecer.

Outro exemplo: na perspectiva da realização de um determinado negócio, se o búzio de Obaluaiê cair aberto ante o búzio de Oxalá, isso significaria um negócio praticamente já realizado, uma situação definida. Todavia, se a resposta for negativa, a indicação é de que possivelmente esse negócio nunca venha a se realizar, nunca venha a acontecer. É justamente nessas ocasiões, quando se imagina a vontade que o consulente tem de alcançar seus objetivos e

---

4. Peneira.

diante de uma resposta negativa dos búzios, que os maus religiosos, ou melhor, os que pretendem se aproveitar da religião, abusando de seus deveres, exorbitando de suas funções, fazem ver ao consulente da necessidade de fazer determinado trabalho ou obrigação a qual fatalmente ele, Babalaô, irá se beneficiar, pouco se importando com o destino final do consulente. Esses pretensos Babalaôs infelizmente se multiplicam cada vez mais, para dor e vergonha dos que buscam, na religião, a verdade e o conforto.

Até este ponto falamos dos búzios consagrados aos Orixás ou divindades. A partir deste ponto falaremos dos quatro búzios que normalmente são consagrados a entidades espirituais (espíritos que já tiveram uma existência física).

Caboclo

O búzio consagrado à entidade espiritual que se identifica como CABOCLO tem várias facetas distintas. Não só o búzio do Caboclo, como todo e qualquer búzio que for consagrado a uma entidade incorporante, isto é, que já teve uma existência terrena, que já viveu como nós, consequentemente, tem cada um suas próprias características, por isso quanto mais soubermos sobre essas entidades a quem estivermos consagrando os búzios e que, principalmente, na Umbanda, são geralmente entidades que o próprio Babalaô incorpora, melhor ou maior será nossa capacidade de interpretar corretamente a jogada.

Independentemente do que expusemos anteriormente, há alguns dados que servem para exemplo ou comparação. Se o Caboclo a quem foi consagrado o búzio for jovem, sua presença em uma determinada jogada pode significar idealismo, inexperiência, às vezes entusiasmo e curiosidade, pois essas são características comuns ao Caboclo jovem. Se essa mesma entidade for uma entidade velha (UM VELHO CABOCLO OU AINDA UM ANTIGO: CACIQUE OU PAJÉ), representaria outras qualidades, tais como: prudência, perspicácia, experiência, vivência. O búzio deverá refletir, em cada caso, o conhecimento especifico e a experiência acumulada que o espírito incorporante adquiriu nesta e/ou em outras vidas anteriores. Também aqui como característica marcante deve-se destacar, quase sempre ou salvo muito raras exceções, a honestidade, o desejo de fazer as coisas corretas e a forma respeitosa que geralmente o Caboclo se dirige a outro Caboclo. Em virtude dessa característica, deve-se prestar muita atenção no relacionamento do búzio de Oxóssi com relação a outros búzios. Por exemplo: o búzio de Oxóssi muito próximo ao de Exu pode significar um amigo desonesto (falso amigo, falso ou desonesto parente ou conselheiro).

Concluindo: nunca devemos nos esquecer de que, ao contrário dos Orixás, cujas características são praticamente imutáveis, tendo como variante apenas sua intensidade, o búzio de uma entidade que incorpora varia conforme o caráter e o temperamento da entidade a quem for consagrado o búzio.

Preto-Velho

Dentro da trilogia básica em que nasceu a Umbanda, isto é, Criança, Caboclo e Preto-Velho (só para os mencionarmos em uma escala crescente), é justamente a figura do Preto-Velho que menos alterações apresenta de uma para outra entidade. Geralmente tolerância, bondade e consideração são características básicas e estas vão apresentar-se nos búzios a eles consagrados. O búzio de Preto-Velho aproxima-se do de Obaluaiê, porém é bem mais ponderado. Sua presença representa equilíbrio, moderação. É o grande apaziguador de dificuldades, sua presença é quase sempre sinônimo de *esperança*. Quando estiver fechado, indica dificuldades a serem superadas, porém aconselham que essas sejam resolvidas com calma e moderação.

Quando em uma tenda, casa de caridade, cabana ou terreiro, um Preto-Velho fizer ameaças, agir com ímpeto ou proceder de maneira violenta ou inconsequente, provavelmente a entidade presente não é a que se identifica, mas sim uma outra qualquer que, por motivos que devemos procurar conhecer, se esconde atrás de uma entidade reconhecidamente querida e respeitada. DUVIDE sempre dessa entidade, se o fato for corriqueiro no terreiro. É possível que quem não mereça confiança não seja a entidade, mas o Babalaô, que pode muito bem estar mistificando. Infelizmente, isso ocorre também com muita frequência.

O búzio consagrado a Preto-Velho não representa o fim, como ocorre com o de Obaluaiê, mas frequentemente representa demora em se conseguir algo desejado.

Baianos

A falange dos baianos representa aqui não apenas a dos cidadãos que em vida viveram em um determinado lugar do Estado da Bahia, mas sim toda uma gama de entidades espirituais, que seriam melhor designados como sertanejos; são espíritos sofridos e muitas vezes revoltados. Em vida, quase sempre só conheceram sorte amarga, difícil, de muitas injustiças. O nordestino, quase sempre um injustiçado em seu lugar de origem, emigra em busca de melhor destino; essa situação é fruto da desonestidade dos líderes políticos (OS CHAMADOS CORONÉIS), que veem no povo apenas grandes currais eleitorais que devem ser mantidos em regime de miséria e total dependência. Por isso, embora muito populares em lugares como a Grande São Paulo e Rio de Janeiro e quase desconhecidos nos estados do Sul (onde dificilmente se adaptam), essas entidades quando desencarnadas, como levam na morte os mesmos hábitos e costumes de sua vida anterior, apresentam características similares ao meio em que viveram, por isso é tão comum que falem por brigas, altercações, desarmonia e revolta; raramente são tolerantes, na maioria das vezes procuram insinuar intimidação e medo.

Naturalmente há exceções que, embora raras, são sempre bem-vindas, mas nós não vivemos em um mundo apenas de pessoas boas, sinceras e abnegadas, por isso são importantes. QUE FIQUE BEM CLARO que não afirmamos que essas pessoas ou entidades sejam más, mas sim que refletem uma situação peculiar de tristeza e dor. Como prova irrefutável do que afirmo exemplifico, pois, segundo dados estatísticos, que existem hoje vivendo em São Paulo mais nordestinos e suas proles do que no Nordeste, e essas infelizes criaturas retratam nos búzios esse mesmo descontentamento que conheceram em vida, mas é bom que se diga também que, como todo povo singelo, são dados a grandes manifestações de alegria e até mesmo uma certa intimidade exagerada. Toda vez que um acontecimento qualquer lhes dê essa oportunidade, são quase sempre extremistas e fanáticos e, ao interpretarmos os búzios, devemos considerar todos esses dados quando for o búzio consagrado ao espírito de um BAIANO que falar mais próximo ou mais alinhado ao búzio de Oxalá.

Erês ou Crianças

Ingenuidade, irreverência, imaturidade, sinceridade e dependência são as características que mais se destacam no búzio consagrado à Criança (não confundir com o búzio consagrado a Cosme e Damião).

O búzio de Criança indica o novo, o inusitado, um fato novo não esperado, às vezes em uma pergunta sobre um emprego, por exemplo. O búzio de Criança falando mais próximo ao consagrado a Oxalá nos informaria que o consulente poderia ou não (dependendo de cair aberto ou fechado) estar devidamente preparado, habilitado para desenvolver aquela função.

Outras vezes, em uma pergunta de âmbito familiar e reservado, ele pode indicar situações que normalmente se procura esconder: a presença de alguém mais na vida do consulente ou de seu companheiro, a revelação de um negócio escuso ou qualquer outro fato que muitas vezes nem ao Babalaô o consulente revela claramente.

Lembro-me de que, em certa ocasião, uma jovem veio consultar os búzios e perguntou-lhes sobre um rapaz a quem namorava. O búzio de Criança foi o primeiro a falar (estava alinhado com Oxalá). Quando principiei a interpretação, ela aquiesceu com o resultado, mas acrescentou rapidamente: *TAMBÉM NÃO PRECISA DIZER TUDO.* Talvez essa precipitação da consulente se devesse ao fato de que sua mãe, uma velha amiga minha, estivesse presente ao jogo. Em seguida, deu por encerrada sua consulta, mostrando-se satisfeita com o que já havíamos encontrado, mas visivelmente enrubescida e envergonhada.

Esse é apenas um dos muitos exemplos que poderíamos citar da IRREVERÊNCIA do búzio que, consagrado à Criança, age como ela, sem maldade, ingenuamente informando o que muitas vezes não pode ser tornado público.

Outras vezes, com relação a assuntos domésticos, comerciais e outros nas mais variadas atividades humanas, a presença do búzio consagrado à Criança informa a competência ou não para determinada tarefa. Exemplos: um marido ou esposa inexperientes, um negócio em formação cujo responsável não tem ainda preparo adequado a uma boa gerência, etc.

Pombagira

Bem, falamos do búzio relativo à Criança e estamos face a face com um outro tipo de entidade que é exatamente o oposto do anterior; na verdade, Exu e Pombagira (Pombagira é um Exu feminino) são considerados antiorixás ou mesmo Orixás negativos. Essa é uma conceituação um pouco difícil de ser aceita, pois essas entidades se identificam individualmente e ao contrário dos Orixás, que sempre tiveram atributos divinos, aqueles tiveram uma existência terrena, geralmente coroada de vícios e defeitos. São entidades más por excelência e, embora contem com uma imensa legião de admiradores (OU ADORADORES?), devem ser vistos e tratados com muita cautela e respeito, afinal, se fossem coisa boa, não se identificariam como Exus.

O búzio consagrado a Pombagira reflete as características negativas dessas entidades. São maliciosas, maldosas, insinuantes, desconfiadas e, embora haja uma tendência generalizada em relacionar a figura de Pombagira com a da prostituta, da mulher liberada em demasia, não é essa a condição que a leva a tornar-se um Exu feminino. O que faz um espírito normal converter-se em Exu é principalmente a maldade e não a sexualidade.

Deus concede a cada um o direito do livre-arbítrio, o direito de escolher seu próprio caminho e, naturalmente, colher o que semeou. Quem, homem ou mulher em vida, fizer mau uso desse direito, procedendo com maldade, levado pelo pai de todos os defeitos que é o EGOÍSMO, é sério candidato ao desabonador título de Exu, se homem em vida, ou de Pombagira, se mulher. Por isso, tenho certeza de que nem toda Pombagira seria necessariamente uma mulher de vida fácil, muito ao contrário: haverá fatalmente entre elas muitas que, em vida, nem sequer chegaram a conhecer melhor o sexo, não praticaram o ato sexual, mas chegaram a essa condição por atos de pura maldade.

Será que você, leitor amigo, nunca ouviu falar de uma irmã de caridade que era um verdadeiro demônio para com os que dela dependiam? Experimente perguntar a alguém que trabalhe, por exemplo, em um hospital dirigido por freiras e tenho quase certeza de que ele elogiará a grande maioria delas, mas terá palavras de horror para uma ou outra determinada religiosa.

O mesmo você vai encontrar em outras religiões, não só entre os praticantes como até mesmo entre os sacerdotes. Não me refiro aos demasiados exigentes, falo daqueles intolerantes, daqueles que se julgam senhores absolutos da verdade e que desprezam outro ser humano que não pensem como eles, querem que pensem ou que pratiquem outra forma de filosofia ou religião. A intolerância leva à maledicência e isso está muito mais para coisa diabólica do que o ato sexual, que afinal nada mais é que o final, o clímax de um instante de carinho e amor. Naturalmente que a prostituta e o prostituto que dela se servem (estranharam a expressão? É bom lembrar que para que exista uma prostituta, é indispensável a presença de um prostituto, pois isso não é coisa que se faz sozinho) não fazem sexo por amor.

O assunto é vastíssimo e nós nos perderíamos, não em um item de um capítulo, mas em várias obras, se insistíssemos no assunto. Em breve lançaremos uma obra exclusivamente sobre a verdade do Exu e da Pombagira.

Ladina, vaidosa, promíscua, a Pombagira por intermédio do búzio a ela consagrado sugere sempre coisa má, negativa, amores escusos, ganância, trabalhos com o objetivo de ganhar favores de outra pessoa, sem considerar o que essa pessoa pense, indica sempre coisa má, envolvendo mulher.

É ao mesmo tempo temida e adorada, dependendo naturalmente do temperamento de quem procura seus favores. É uma espécie de deusa para alguns e uma diaba para outros, pois, que pasmem os leitores, há gente capaz de ter inveja dessa entidade e do que ela faz ou é capaz de induzir a fazer, e não são poucas essas pessoas.

É também por ela que saberemos quando houver um trabalho que envolva entidades similares a ela e que visem de alguma forma a prejudicar alguém. Aliás, Exu e Pombagira devem ser considerados como aqueles amigos bons de briga, a quem recorremos quando "NEM COM JEITO VAI". São os seguranças do Espiritismo, desde que os tratemos com respeito, mas com independência, ou seja, sem nos submetermos a seus caprichos; isso é o que diferencia o chefe do terreiro do **"GARÇOM DO EXU OU DA POMBAGIRA"**.

Já fomos ao assunto quase total, quando abordamos o item relativo à Pombagira, pois ambos têm em comum quase todas as qualidades e quase todos os defeitos.

Exu, que muitos confundem com o Diabo cristão, ou evangélico, não é exatamente o **REI, O SENHOR ABSOLUTO DO MAL, O SENHOR DAS TREVAS, INIMIGO NÚMERO 1 DE DEUS,** (assim como Pombagira não é a rainha ou a senhora das trevas).

As lendas africanas descrevem Exu como um servo ou escravo muito ladino e sem escrúpulos, cuja missão é a de servir de intermediário entre os homens e os seres humanos, que se dispõem a subornar com presentes e outras oferendas a Exu, para que interceda junto aos Orixás e resolva seus problemas, atenda aos seus pedidos e, principalmente lhe dê proteção. O Exu é uma espécie de mafioso, que só pune a quem não paga, quem não cumpre com o prometido.

Existem chefes de terreiro e Babalaôs, alguns até bastante conhecidos, que, diante desse tipo de entidade, se borram de medo e, quando uma dessas entidades toma um médium, vão como se fossem solícitos garçons, já de lápis e talão na mão, perguntando o que a entidade deseja, obsequiosos como se preferissem sempre servir o prato "A LA CARTE em vez do PRATO DO DIA". Estes eu não considero nem chefes e muito menos Babalaôs, são na verdade pobres diabos no sentido literal da palavra, são fracos e medrosos, pois lhes falta o pulso, a liderança e a diplomacia para fazer o referido Exu agir de forma contrária à sua índole maligna. O verdadeiro sacerdote de Ifá deve saber transigir, mas somente para fazer o elemento do mal promover o bem. Sem essa capacidade, ele é qualquer coisa, só não é líder, não tem competência para dirigir um terreiro e não deve nem pensar em ser Babalaô.

Esclarecendo melhor, Exu "NÃO É O DIABO" Católico Apostólico Romano e tampouco o "SAI CAPETA" que usualmente encontramos em determinadas igrejas evangélicas fundamentalistas. Aliás, sem ele estas não existiriam, eles são os maiores aliados dos pastores evangélicos, que outra coisa não fazem a não ser intimidar o crente, afirmando que DEUS deve ser temido e o DIABO é o executor de suas vinganças, enquanto nós acreditamos ser DEUS o PAI SUPREMO, a quem devemos amar e respeitar, e não temer. Se ele é bom, por que temê-lo?

ENTÃO O QUE É, NA REALIDADE, O EXU? Exu é um espírito que já habitou um corpo humano, já viveu uma existência terrena e que, em vida, fez uso indevido do direito do livre-arbítrio. Foi em vida, antes de tudo, egoísta, pois reside no egoísmo o endereço de todos os males, todas as mazelas a que se submete o homem, todas as patifarias, as mentiras, os crimes que cometeu sempre aconteceram porque ele, sempre pensou não só primeiro, mas exclusivamente em si mesmo. Nada causa mais atraso espiritual do que a nociva política do PRIMEIRO EU ou a do EU SOZINHO ou ainda a do **SÓ PRA MIM**. Exu é um espírito considerado atrasado para algumas pessoas, e o Caboclo das Sete Encruzilhadas nos ensinou, por intermédio de seu médium Zélio de Moraes, que o grande mandamento da Umbanda seria:

Com os espíritos avançados aprenderemos;
Aos atrasados ensinaremos;
E a nenhum renegaremos, a nenhum negaremos uma oportunidade.

Concluindo: Exu é uma ovelha desgarrada do rebanho divino, não é o anjo caído que deseja disputar o Céu com Deus.

Exu não é o opositor de Deus, é apenas um espírito que foi mau em vida e que deve ser esclarecido para que, em outras reencarnações, possa ter a oportunidade de voltar ao rumo certo. Aquele que sabiamente o ajuda a libertar-se dessa carga de negatividade cresce aos olhos de Deus, enquanto os "GARÇONS DE EXU" estão procurando ou fazendo de tudo para um dia ficarem também reduzidos à condição de míseros Exus.

O búzio consagrado a Exu sugere tudo o que já foi dito, fala por miséria, traição, coisa má, magia negativa (magia negra). É importantíssimo quando estamos procurando por um "TRABALHO FEITO" e, sabendo-se que ele existe, temos como buscar desfazê-lo.

Se acaso perdemos alguma coisa em uma rua escura, não vai adiantar procurar essa mesma coisa sob um distante poste iluminado. EXU é aquele que conhece o trabalho sujo, então é mais apto a nos ajudar a limpar a sujeira. Seu búzio nos diz quando ela existe, é sempre um polo negativo.

PARA QUEM NÃO CONSEGUIU AINDA COMPREENDER, ESCLAREÇO:

DEUS, O PAI, AQUELE QUE EXISTE POR SI MESMO, É TÃO INCOMENSURAVELMENTE GRANDE, QUE NÃO TEM OPOSITOR. O DIABO OU "SATANÁS", SE EXISTE, NÃO É ESPÍRITA E MUITO MENOS UMBANDISTA, E O EXU ESTÁ PARA DEUS COMO UM MICRÓBIO ESTÁ PARA O SOL.

Preparo e Consagração dos Búzios

O búzio é uma pequena concha de molusco, também chamada CAURI, encontrada na praia. Todavia, para o jogo de búzios, só podem ser utilizadas certas conchas encontradas nas praias da costa africana. Destinados principalmente a determinar qual o Orixá que exerce influência maior no filho de fé, os búzios, diferentemente do que ocorre no Candomblé, são usados íntegros e não cortados e são consagrados a todos os Orixás cultuados na Umbanda, a Exu e à Pombagira, restando ainda quatro búzios que serão consagrados àquelas entidades que com maior frequência incorporam no filho de fé. Esses búzios são escolhidos pelas suas características exteriores. O maior e geralmente o mais bonito é consagrado a Oxalá. O imediatamente menor é consagrado à Yemanjá e os demais, que preferivelmente devem ser pequenos e bem diferentes uns dos outros, para mais facilmente poderem ser interpretados e identificados, serão consagrados aos diferentes Orixás e às entidades espirituais da seguinte maneira:

1— A consagração dos búzios é uma operação que deverá ser realizada individualmente para cada Orixá e, de preferência, no próprio local em que o filho de fé deu sua obrigação. Na impossibilidade de se realizar no próprio local, o filho de fé deverá procurar um lugar com características similares àquelas em que deu suas obrigações.

2— O búzio de Oxalá será consagrado no congá, aos pés da imagem que o representa, diante do qual o Babalorixá deverá acender uma vela de quarta. O búzio de Oxalá deverá ficar em uma vasilha de louça ou de barro — preferivelmente uma tigelinha de louça —, com amaci, rodeado pela guia de Oxalá — a que foi recebida por ocasião do batismo — e, em posição aberta, isto é, a fenda da concha para cima. Não deverá esquecer de orar a Ifá.

3— Quanto às demais entidades, chegando ao local onde deu suas obrigações, o Babalorixá poderá fazer sua oferenda constituída de flores, perfumes, frutas ou outros, variando conforme o Orixá. A seguir, deverá colocar o búzio na posição aberta, dentro de uma tigelinha que já contenha o curiador do Orixá. *Importante:* os búzios deverão sempre ser colocados em aberto, em posição positiva. Junto à oferenda e à tigelinha, acende-se a vela de quarta na cor do Orixá, ou branca, mas na falta desta se deve acender sete velas na cor do Orixá: fará suas preces pedindo a Ifá e ao Orixá a quem o búzio está sendo consagrado, que lhe deem o seu axé, sua força e proteção para que possa prosseguir em sua jornada, a fim de tornar-se um Pai Espiritual, um *Mão de Ifá*. Após ter completado suas preces, apanha o búzio do Orixá, lava-o com o amaci e o guarda (pode ser guardado em um pequeno invólucro, saquinho feito especialmente para isso).

Se utilizar uma mesma tigelinha para outras obrigações, cuidará de lavá-la com amaci entre as demais. Chegando em casa, deverá deixar a concha em contato com o otá relativo ao Orixá, devendo, em seguida, colocar o búzio em amaci e iluminá-lo com a vela de quarta, preferivelmente na cor do Orixá. Na falta desta, usará vela de quarta branca, mas na impossibilidade usará sete velas comuns na cor do Orixá. Feito isso, o búzio deverá descansar na peneira, coberta com uma toalha branca feita especialmente para isso ou por uma outra peneira, e deixá-la em frente ao congá.

4— Quanto às entidades espirituais que assistem ao Babalorixá, pergunta-se a elas qual é a forma preferida, qual é a cor e a disposição das velas, oferendas, etc.

5— As velas usadas no congá para Exu e Pombagira deverão ser brancas.

Importante: Tenham sempre presente que a consagração de um búzio é uma pequena obrigação, mas é importante que se respeite e use, sempre que possível, o local onde o futuro Babalaô deu suas obrigações.

Rol do material necessário

- 16 búzios, visto que dois deverão ser maiores que os demais e nunca exatamente iguais em tamanho, que serão ofertados, sendo um a Oxalá e o outro à Yemanjá. Os demais deverão ser escolhidos cuidadosamente, visando a facilitar sua posterior identificação, procurando sempre que os búzios sejam nitidamente diferentes uns dos outros.
- Curiadores (bebidas) dos diferentes Orixás.
- Uma tigelinha de louça, barro ou vidro (individual, uma para cada Orixá a ser consagrado).
- Flores, frutas, perfumes e outros itens para as oferendas aos diferentes Orixás.
- Amaci (para consagração dos búzios).
- Saquinhos de pano ou papel, com os nomes dos Orixás, caso o Babalorixá venha a consagrar vários búzios de uma só vez (para que os búzios não se confundam).
- Delogum (guia de fios de miçanguinha opcional).

Consagração da Peneira

O Babalorixá deverá comprar uma peneira de tamanho razoável. Ela pode ser redonda, quadrada, etc., desde que satisfaça ao seu gosto e que seu fundo de palha seja abaulado. A primeira coisa a ser feita é a defumação da peneira com os ingredientes básicos: incenso, mirra, etc. Acende-se o defumador em um incensário de barro, fazendo com que a fumaça penetre bem em todos os vãos da peneira, tanto de um lado como de outro, tomando-se o cuidado de não queimá-la. Devem-se cantar os pontos de defumação enquanto durar essa parte da cerimônia. Depois de bem defumada, colocá-la diante do congá, se o tiver, caso contrário, aos pés de uma imagem de Oxalá. A primeira coisa a ser feita é o ponto de Oxalá. Sobre o ponto que foi riscado com pemba branca, acender uma vela de quarta branca. Dentro da peneira, na direção do ponto riscado, colocar o búzio de Oxalá. Os búzios devem ser colocados todos em positivo, nunca fechados. A sequência a ser seguida é a seguinte: risca-se o ponto do Orixá de frente de quem está consagrando, logo do lado direito do ponto de Oxalá, com pemba na cor correspondente; sobre o ponto será acesa uma vela de quarta na mesma cor. Na falta de velas de quarta, velas comuns na cor do Orixá, ou mesmo, vela de quarta branca. Após o ponto do Orixá de frente, o Babalorixá vai riscar o ponto do juntó ao lado esquerdo do ponto de Oxalá, principiando a rodear a peneira com os pontos dos Orixás e das entidades. Deve seguir sempre o mesmo princípio, riscando um ponto do lado direito e um ponto do lado esquerdo, até fechar o círculo em volta da peneira.

As velas podem ser de quarta na cor de cada Orixá ou então brancas; se isso não for possível, usar velas comuns nas cores dos Orixás. As velas devem queimar sobre os pontos e os búzios colocados em aberto na direção dos referidos pontos, dentro da peneira (ver figura 17). Enquanto são riscadas e acesas as velas, devem-se entoar os pontos adequados. Para Exu e Pombagira, o consagrante deve usar pemba branca. A vela a ser usada também deve ser branca. O ponto de Exu a ser riscado deve ser o do Exu com o qual o consagrante trabalha. Ao terminar de fazer a saudação a todos os Orixás e entidades, o Babalorixá vai bater cabeça no ponto, fazendo mentalmente uma prece a Ifá, para que lhe dê sempre sua proteção e orientação necessárias para o jogo de búzios. Deve ficar por um tempo razoável em comunhão com o Orixá. Quando for retirar a peneira, o consagrante pede maleme[5] aos Orixás, às entidades, incluindo Ifá e, tomando a peneira com as mãos, bate lateralmente com a palma da mão, fazendo com que os búzios se encontrem no centro da peneira.

A partir desse momento, a peneira está pronta para ser virada na areia e, após isso, ser usada para o jogo de búzios.

---

5. Licença.

Em seguida, deve-se juntar tudo em um alguidar pequeno e guardar para deixar no local em que vai bater a peneira na areia molhada pelo mar. Após o término da consagração da peneira, esta volta ao congá, onde é coberta com uma toalha branca feita exclusivamente para esse fim. A peneira deve ficar resguardada, assim como os búzios em seu bojo, até o dia de sua consagração a Ifá, para tornar-se realmente *Mão de Ifá ou Babalaô*.

Para essa cerimônia, os preceitos devem ser seguidos nas 24 horas que antecedem a consagração. Os ingredientes para a defumação são:

- Incenso
- Mirra
- Benjoim
- Alfazema
- Arruda
- Guiné
- Alecrim

Figura 17: Peneira com os búzios. A boca de cada búzio está voltada para o respectivo ponto riscado.

Figura 18. Peneiras iluminadas na consagração.

Consagração a Ifá

Banhos

- Capim-santo
- Angélica
- Rosa Branca
- Cipó-cruz
- Cordão-de-frade
- Carobinha
- Espinheira-divina ou santa

Defumação

- Incenso
- Mirra
- Benjoim
- Alfazema
- Anis-estrelado
- Cravo-da-índia
- Sândalo

O futuro Babalaô deve fazer os preceitos durante três dias, abstendo-se de álcool, carne e sexo. Não há necessidade de dormir na esteira. Mas, se for casado(a), não deve dormir no mesmo leito com a(o) esposa(o).

Material necessário à consagração

- 1 vela de quarta branca;
- 1 vela vermelha e preta;
- 16 velas nas cores correspondentes aos Orixás e entidades. Para Exu e Pombagira as velas devem ser brancas;
- 7 velas vermelhas;
- 7 velas azuis;
- 1 pedaço de pano branco semitransparente para demarcar o ponto formado na areia;
- 16 búzios já consagrados;
- 1 alguidar para os resíduos das velas utilizadas na consagração;
- Caneta hidrográfica (para identificar com maior facilidade os búzios);
- Água de cachoeira;
- Peneira;
- Delogum (opcional);
- Todas as guias recebidas por ocasião das obrigações, incluindo o Barajá de Búzios;
- Flores (opcional).

Quando a obrigação ocorrer na praia, antes de chegar ao local designado, os Babalorixás vão dar o paô para Exu. Ali chegando, vão acender as velas vermelhas, pedindo proteção a Ogum e as velas azuis, para pedir a ajuda de Yemanjá para os trabalhos. Em seguida, dirigem-se para o lugar que já está demarcado para a consagração. Em uma linha reta, estão riscados na areia úmida triângulos equiláteros, todos medindo 70 cm de lado. O triângulo correspondente a cada Babalorixá ficará lado a lado com um intervalo de um palmo, mais ou menos, do outro. Cada Babalorixá ficará na base de um triângulo, cujo vértice estará voltado para o mar (ver figura 19). No pico do triângulo, o Babalorixá deve fixar a vela de quarta branca, que vai ser oferecida a Ifá. Nessa vela é que devem ser acesas todas as outras, na seguinte sequência: no pico do triângulo inteiro e, em primeiro lugar, o Babalorixá deve acender a vela correspondente a Oxalá. Ela fica logo abaixo da vela de Ifá. Em seguida, ao lado direito, a vela correspondente ao Orixá de frente e, no lado esquerdo, a correspondente ao juntó. Nesse local, entre as velas, podem ser colocados os búzios que serão utilizados pelo Babalorixá, com os quais queira fazer pingentes, anéis etc. Logo a seguir, devem ser acesas as velas dos Orixás, seguindo o mesmo processo: uma vela do lado direito, uma vela do lado esquerdo e assim por diante, de acordo com a devoção do filho de fé aos Orixás. Depois das velas de todos os Orixás é que devem ser acesas as velas das entidades negativas, Exus ou Pombagiras, nas duas pontas extremas do triângulo. Se por acaso o Babalorixá tiver apenas uma entidade negativa, deve acender a vela correspondente a ela no lado esquerdo e reservar o lugar da direita para a entidade que normalmente fica mais afastada ou é menos solicitada, ou ainda aquela que menos incorpora para trabalhar. Ao pé do triângulo, do lado direito, coloca-se a quartinha de Oxum com água da cachoeira e no lado esquerdo, a peneira. Os búzios serão dispostos em positivo, abertos, na linha interna do triângulo, cada um na direção da vela do Orixá ou da entidade a quem foi consagrado. Feito isso, o Babalorixá aguarda, em seu lugar, que o seu Pai venha proceder sua defumação, assim como a da peneira. O Pai defuma, em primeiro lugar, o triângulo e, a seguir, ergue a peneira defumando-a em ambos os lados, passando, em seguida, também a defumar-se. Logo após, o Babalorixá se ajoelha, colocando a peneira no centro do triângulo, destampa sua quartinha de Oxum e aguarda sua vez de ser consagrado a Ifá.

Para ser consagrado a Ifá, o Babalorixá fica com as palmas das mãos voltadas para cima, enquanto o Pai despeja água de cachoeira nelas. Em seguida, junta-as em posição de prece, voltando o dorso da mão direita para cima, e, em seguida, o dorso da mão esquerda, enquanto o Pai continua despejando água de cachoeira sobre elas, dizendo o seguinte: COM AS ÁGUAS SAGRADAS DE MAMÃE OXUM, EU PURIFICO SUAS MÃOS E AS CONSAGRO A IFÁ. A lavagem das mãos é feita sobre a peneira. Após a consagração, o Babalorixá deve permanecer de joelhos com as mãos unidas, em prece, até o ato seguinte, que será quando um ogã pede, a cada um, que recolha os seus búzios e coloque no centro da peneira, todos juntos, e, em positivo. Nesse instante, o Pai se dirige aos Babalorixás e dá instruções para que todos tomem as suas peneiras e apoiem na palma da mão direita, balançadas em ritmo lento e cadenciado, uma, duas ou três vezes, antes de emborcá-la no centro do triângulo, tomando-se o cuidado para não espirrar nenhum búzio para fora da peneira. Logo depois que o primeiro Babalorixá acaba de bater a peneira na areia, o seguinte bate a sua e assim sucessivamente, até o último Babalorixá. Para não haver perda de tempo, praticamente todos os Babalorixás balançam sua peneira juntos, esperando apenas a virada da peneira do Pai Espiritual que o antecede na fila, para, em seguida, virar a sua. Esse processo é usado para evitar que os búzios de um Babalorixá se misturem com os do outro, no caso de se espirrar algum na hora da virada da peneira. Logo após a batida da peneira na areia, um dos ogãs que auxilia o Pai na consagração apoia suas mãos sobre ela e a gira de um lado para o outro, para marcar bem acentuadamente o lugar da peneira na areia, o círculo formado pela peneira, sem deslocá-la do lugar. Quando é dada a ordem, todos erguem a peneira e vão decalcar, em um tecido fino, o desenho formado pelos búzios, sem tirá-los ou movê-los do lugar. Quando todos já decalcaram seus desenhos, o Pai vai de um em um para riscar o ponto esotérico formado pelos búzios na areia. Ao riscar o ponto, o Pai inicia pelo búzio de Oxalá a sequência, porém é feita com base na intuição espiritual da entidade que trabalha com ele. Enquanto risca o ponto, vai retirando os búzios com um ponteiro, no que é auxiliado pelo Babalorixá que deve retirar do local os búzios que já foram demarcados para não causar confusões. O Babalorixá deve então passar para o papel o ponto que ali ficou demarcado e, posteriormente, desenhá-lo no centro da toalha que deve cobrir a peneira.

Terminada essa parte da cerimônia, coloca no centro do triângulo o alguidar que contém os resíduos das velas que ficaram da consagração de Ifá, mesmo que algumas delas permaneçam acesas, incluindo a vela de quarta que foi consagrada a Ifá. Se o Babalorixá levou flores, deve ornamentar o redor do alguidar. Para o encerramento da consagração a Ifá, todos juntos devem fazer uma prece de agradecimento pelo transcurso dos trabalhos, retiram-se para os seus lares, onde deverão continuar os preceitos até às 12 horas do dia seguinte.

O ponto esotérico que ficou riscado na areia deve ser usado pelo recém-consagrado Babalaô, somente em casos muito especiais. Esse ponto é como uma assinatura espiritual da pessoa, é o seu ponto grafado e só ela deve usá-lo.

OBSERVE o desenho a seguir: excluindo-se as velas de Oxalá, Orixá de frente e juntó, que devem ficar no topo da pirâmide e a dos Exus colocadas nas extremidades opostas, a sequência a ser seguida tanto para os Orixás como para as entidades fica a critério do Babalorixá, que, ao término dessa oferenda, torna-se Babalaô.

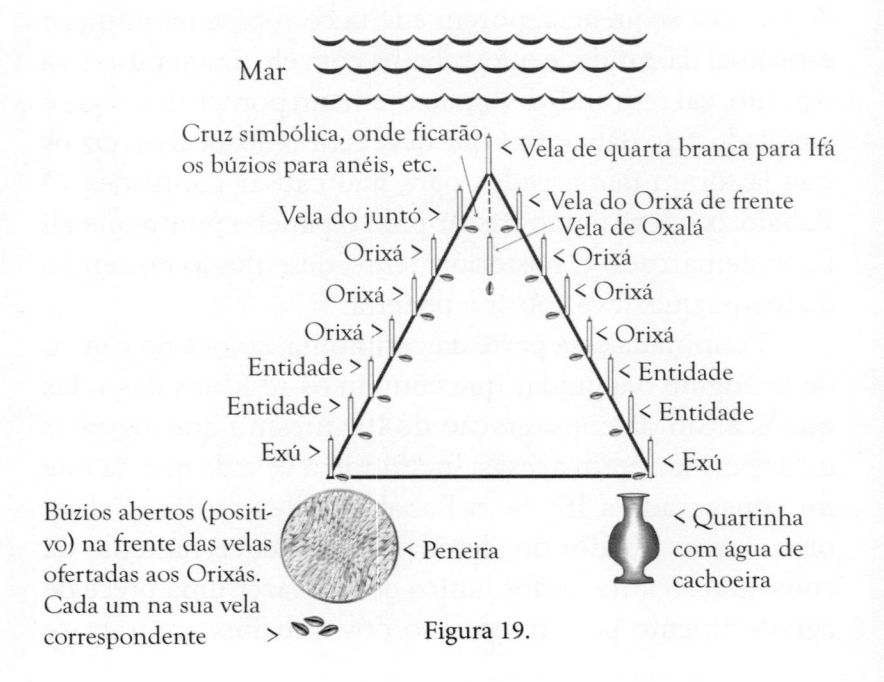

Mar

Cruz simbólica, onde ficarão os búzios para anéis, etc.
< Vela de quarta branca para Ifá
Vela do juntó >
< Vela do Orixá de frente
Vela de Oxalá
Orixá >
< Orixá
Orixá >
< Orixá
Orixá >
< Orixá
Entidade >
< Entidade
Entidade >
< Entidade
Exú >
< Exú

Búzios abertos (positivo) na frente das velas ofertadas aos Orixás. Cada um na sua vela correspondente >
< Peneira
< Quartinha com água de cachoeira

Figura 19.

Figura 20. Babalorixá sendo consagrada à Ifá.

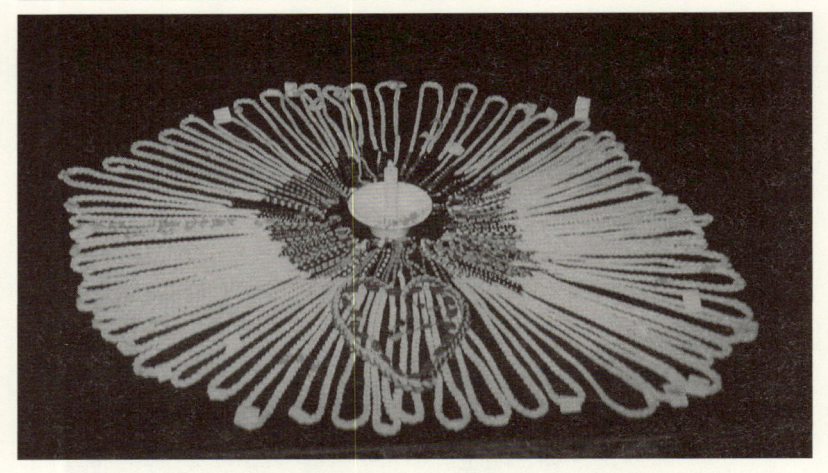

Figura 21. Consagração dos barajás, guia dos médiuns consagrados a Ifá.

Características dos Filhos dos Orixás

a) Características dos Filhos de Oxalá

A mercê da própria presença soberana do Orixá maior da Umbanda, os filhos de Oxalá também marcam naturalmente suas características peculiares. Destacam-se com facilidade em qualquer ambiente, são cuidadosos, generosos e, dada sua exigência no sentido de conseguir sempre a perfeição, são também detalhistas ao extremo. Curiosos, procuram saber detalhes, às vezes chegando mesmo a tornar-se aborrecidos por isso.

Pais excelentes, mães amorosas, dedicam-se com um carinho excepcional às crianças, com quem se relacionam muito naturalmente e de quem não gostam de afastar-se.

Relacionam-se com facilidade com filhos dos outros Orixás, todavia têm sempre uma certa prevenção com relação às pessoas que não conhecem muito bem. São um tanto inconstantes e se amuam ou se zangam com muita facilidade. Impõem sua opinião até os extremos e, não raramente, por causa dessa característica, desentendem-se com filhos de Ogum, Iansã e Xangô, principalmente.

São também pessoas de grande capacidade de mando, tornando-se, não raras vezes, líderes em suas comunidades. Por outro lado, são também ensimesmados, tendo alguma dificuldade em expor problemas ou desabafar com estranhos e, às vezes, até mesmo com pessoas íntimas. A velhice tende a tornar os filhos de Oxalá irritados e rabugentos.

Por paradoxal que pareça, a vaidade masculina encontra seu mais alto ponto nos filhos de Oxalá, sempre preocupados em ostentar boa aparência e em ser agradáveis.

As filhas de Oxalá são boas mães e esposas, embora, às vezes, mostrem-se dominadoras e ciumentas. Também gostam de apresentar-se bem, embora discretamente.

b) Características dos Filhos de Iansã

Nascidos da luz da manhã, os filhos de Iansã são a própria majestade do Orixá. Sua principal característica exterior é ser sempre uma entidade dominante. Ocupam, naturalmente, posição de destaque e nunca passam despercebidos. Gostam de vestir-se sempre na moda e de estar sempre atualizados, embora haja sempre uma certa pitada de exagero em quase tudo o que fazem.

Têm personalidade marcante e dificilmente são esquecidos. Brilham em quase tudo o que fazem. São temperamentais por excelência, mudando de opinião com facilidade, amando ou desprezando objetos, pessoa ou coisas, absolutamente sem motivos aparentes. São inconstantes e sentimentais, arrependendo-se com facilidade de atos praticados, embora também os esqueça e, não raras vezes, os repita.

Os filhos de Iansã herdam do Orixá suas características guerreiras, empenham-se em discussões estéreis, às vezes só pelo prazer de contestar, não se preocupando absolutamente com os resultados finais. Todavia, em quase tudo que tocam, conseguem levar a bom termo. São também muito dedicados e prestimosos e, além de tudo, alegres.

As filhas de Iansã são sempre extremadas: ou amam apaixonadamente ou simplesmente esquecem. Incapazes de odiar, não hesitam em se reaproximar de alguém que lhes tenha magoado, sentindo, não raras vezes, uma real piedade e amor por essa mesma pessoa, se por qualquer razão estiver em posição de dor ou inferioridade. Também assumem as causas alheias, trazendo parentes enfermos para dentro de suas próprias casas, brigando com maridos e filhos por causa dessa pessoa. Posteriormente, invertem toda essa situação, mandando embora quem haviam trazido e buscando a paz familiar, como se nada houvesse acontecido.

Fazendo tudo em escala maior, amam com intensidade, dão-se com facilidade, produzem ou promovem e depois, pura e simplesmente, esquecem.

Quer seja homem, quer seja mulher, os filhos de Iansã serão sempre alguém que dificilmente conseguirá passar despercebido. Será sempre um temporal em um copo d'água, passando da tranquilidade de um lago sereno à incerteza de um mar tempestuoso. Sua principal característica positiva reside em sua capacidade de não apenas perdoar quem eventualmente lhe haja ofendido, como principalmente esquecer a ofensa. Talvez nenhum outro consiga realmente esquecer como o filho de Iansã.

Quando líderes em alguma atividade, quase sempre marcam de maneira indelével suas administrações, mesmo que isso lhes custe sacrifícios.

As filhas de Iansã são extremadas, como as chamadas supermães. Lutam pela felicidade e progresso de seus filhos e não admitem erros ou faltas, embora quase nunca tenham coragem de punir as crianças. Como esposas, são exageradamente ciumentas e, às vezes, chegam a infernizar a vida de seus companheiros por causa disso.

c) Características dos Filhos de Cosme e Damião

Alegria, sem sombra de dúvidas, é a principal característica dos filhos de Cosme e Damião. Mesmo em circunstâncias difíceis, parecem sempre irradiar alegria. São simples, generosos, altruístas, embora um tanto inconstantes, sinceros e justos. Têm grande apego à família e aos amigos, não raramente fazendo grandes sacrifícios para beneficiar os outros. Gostam de participar e dividir tudo o que têm e contentam-se com pouco. Não admitem não serem considerados e se magoam quando acham que não foram tratados com a devida consideração, embora não guardem rancor. Demoram um pouco para esquecer uma ofensa recebida. Exigem um pouco de mimo e atenção em quase tudo o que fazem. Adoram ver seu trabalho reconhecido e admirado.

Os filhos de Cosme e Damião são bons pais e bons maridos. Amantes do lar, são ainda calmos e tranquilos.

As filhas são excelentes esposas e mães, embora geralmente muito dependentes. Costumam estabelecer laços familiares muito fortes. Não raramente, mesmo com idade avançada, não tomam quase nenhuma atitude sem consultar seus pais ou outros parentes ascendentes.

d) Características dos Filhos de Yemanjá

Yemanjá e Oxum se confundem com o Espírito Criador, bem como de suas características. Representam a própria instituição da família, seus laços, suas dependências. O filho de Yemanjá é empreendedor, ativo, um pouco sovina, sonha grandes progressos, embora, às vezes, de forma ingênua, não tenha ideia de proporção, exagerando em suas aspirações. Raramente toma atitudes agressivas, excetuando-se, naturalmente, o plano familiar. De temperamento dócil e sereno, pode também agitar-se por qualquer motivo. Dificilmente consegue esquecer uma ofensa recebida e custa muito a voltar a depositar confiança em quem lhe tenha ferido ou magoado.

A mulher que é filha de Yemanjá tem no marido e nos filhos seu principal objetivo. Costuma ser muito exigente com a prole, mas perdoa todas as suas faltas, não raramente as escondendo para que as crianças não sejam punidas por mestres ou pais. Como uma fera, briga com quem quer que se interponha entre os rebentos e o lar. Também costuma ser desconfiada e, não raro, inferniza a vida do companheiro com ciúme doentio.

Se necessário, alia-se ao marido para fazer frente às dificuldades da vida, dando tudo de si. Nunca deixa de fazer o que lhe pedem, embora tenha grande tendência a reclamar de tudo. É empreendedora e ativa, vaidosa e coquete, gosta de adornos discretos e caros. Exige muitas atenções e, geralmente, embora realize com perfeição os deveres domésticos, parece não sentir grande atração pela cozinha, a não ser no que diz respeito aos filhos.

O filho de Yemanjá parece estar sempre lutando para galgar um lugar de destaque, qualquer que seja o empreendimento a que se dedique. É, por sua própria natureza, um lutador. Profundamente emotivos, são também chamados de chorões.

e) Características dos Filhos de Oxum

Quase tudo o que foi dito sobre Yemanjá também poderia ser estendido a Oxum, cujo relacionamento com seus descendentes se equivale por representarem, ambos, o princípio criador. Também é aplicado aos filhos de Oxum, ainda mais emotivos que os de Yemanjá, a denominação de chorões. A sensibilidade é ainda maior e, não raras vezes, chamamos, principalmente as mulheres, de dengosas e de flores de estufa, que fenecem ao menor motivo.

Os filhos de Oxum, essencialmente honestos e dedicados, esperam merecer as atenções que procuram despertar e sentem-se desprestigiados quando tal não acontece.

Um fato a ser considerado é o de que tendem a guardar mais tempo alguma coisa que lhes tenha atingido e olham com muita desconfiança quem os traiu uma vez. Por outro lado, são menos vaidosos que os filhos de Yemanjá ou Iansã, embora aparentem, mesmo em roupas discretas, uma certa realeza. Ternos e muito carinhosos, são consequentes e seguros e buscam sempre a companhia de pessoas de caráter. Preferem não impor sua opinião, mas detestam ser contrariados. Custam muito a se irritar, mas quando o fazem também custam a serenar.

Oxum parece ocupar no coração das pessoas o espaço destinado à figura da mãe e essa característica faz que seus filhos sejam naturalmente bem quistos e, não raras vezes, invejados.

O homem e a mulher filhos de Oxum são, a exemplo de Yemanjá, muito ligados ao lar e à família em geral.

f) Características dos Filhos de Oxóssi

Oxóssi representa a pureza das matas. Seus filhos são honestos, desinteressados, altruístas e espontâneos.

A principal característica dos filhos de Oxóssi é a honestidade: nunca esperam recompensa daquilo que fazem espontaneamente.

Os filhos de Oxóssi têm um grande inconveniente: são inconstantes, não persistentes, seja qual for o motivo. Com muita frequência, após lutarem por um ideal, às vezes, às vésperas de consegui-lo, desistem para uma nova ideia. Geralmente, reúnem qualidades que são muito importantes. Se alguém está doente, ele é aquele que vai várias vezes visitar a pessoa, ver como está passando, interessa-se pelo bem-estar dos outros, sempre com muita atenção.

Dão-se muito bem com pessoas de qualquer faixa de idade. Sentem-se mais à vontade em ambientes mais descontraídos, não gostam de andar muito presos em roupas sociais e não se sentem bem em cerimônias muito formais.

São dados a ter vida muito singela, não são apegados ao luxo e têm verdadeira repulsão a tudo o que chama a atenção. Adoram andar, gostam do ar livre, não gostam de ficar em ambientes fechados ou escuros. São muito complacentes com a aquisição de bens materiais, sendo muito desligados de tudo aquilo que se refira à pompa.

O filho de Oxóssi costuma mudar de atividade com relativa facilidade, mas há possibilidade de lançar raízes em algum campo de negócio. São tão profundos e seguros que jamais mudam.

O chefe de família, filho de Oxóssi, é um tanto desligado do lar, não que ele não se interesse pelos problemas familiares, mas prefere ser servido do que servir.

A mulher, filha de Oxóssi, tende a não ser muito boa dona de casa. Gosta das coisas bem-feitas, mas não de fazer; gosta das coisas em ordem, mas prefere mandar que outros façam.

g) Características dos Filhos de Ogum

Os filhos de Ogum são tidos como brigões, mas esse pensamento é errôneo. São mais intransigentes e obstinados do que propriamente brigões.

Ogum representa o espírito da lei e seus filhos têm esta característica bem predominante. Raramente o filho de Ogum pondera as coisas. O regulamento é este, então tem de ser seguido a qualquer custo.

Toda lei tem de ser estudada para obter-se seu verdadeiro sentido, para se conhecer seu espírito. Porém, para o filho de Ogum, essa mesma lei é usada com parcimônia. Ele segue a lei sem ligar se ela serve para este ou aquele caso. É lei: tem de ser cumprida implacavelmente.

O pai de família que é filho de Ogum não dá muitas chances de diálogo para seus filhos, é inflexível e radical. Usa uma lei para si e outra para os demais.

É vaidoso e não gosta de ser contrariado em suas opiniões. Raramente arreda pé da sua posição, mesmo quando não está certo. Quer sempre fazer prevalecer seu ponto de vista, não recua nunca em suas decisões. Tem sempre tendência a resolver as coisas para seu lado, de qualquer forma.

A mulher filha de Ogum é mais querelante do que briguenta. É mais belicosa e de atitudes mais extremadas. É excelente mãe de família; porém, coitado do filho que não andar direito: ela é do tipo que bate primeiro para depois perguntar qual foi o erro.

O filho de Ogum é dado a fazer conquistas, tem facilidade no relacionamento com o sexo oposto de qualquer filiação de Orixá.

h) Características dos Filhos de Xangô

O filho de Xangô é, por excelência, calmo e muito ponderado. Costuma pesar os fatos com muito cuidado, procurando sempre pôr panos quentes em qualquer disputa. Só toma decisões depois de pesar e analisar todos os ângulos dos problemas apresentados, procurando ser o mais justo possível.

Dedica-se de corpo e alma a tudo que se propõe a fazer, mas se desilude com muita facilidade também. É sonhador por excelência e acha sempre que tudo dará certo, deixando-se levar com muita frequência pela ilusão e pelo sonho. Sempre procura apresentar seus propósitos e planos de maneira mais bonita, mais enfeitada, mais clara possível, sem observar o que há de viável neles. Nunca procura ver a fundo se há realismo no que empreende.

Os filhos de Xangô geralmente são capazes de grandes sacrifícios, mas se aborrecem profundamente se algo que programaram não dá certo. Não admitem mudanças de planos, mesmo quando não depende deles a realização do projeto. Costumam ficar remoendo muito o que lhes acontece ou o que não se realizou como queriam. Separam, com muita frequência, a realidade de si, levando seus pensamentos para altas esferas.

Por serem muito honestos, magoam-se com muita facilidade com a ingratidão das pessoas, achando que todos têm obrigação de ser honrados e precisos em suas decisões.

A filha de Xangô geralmente é muito crédula, acredita em tudo o que lhe dizem. Magoa-se profundamente por coisas que não tenha feito e que tenham dito que ela fez. Guarda mágoas profundas, mas não consegue guardar raiva.

Em relação ao lar, não gosta de sair de casa, prefere o aconchego de sua morada. É excelente mãe de família, mantendo o lar em perfeita harmonia, não permitindo desavenças entre os familiares e dando possibilidades a todos de se defenderem sempre que for necessário.

i) Características dos Filhos de Nanã Buruquê

Nanã é a mais velha das Orixás. Talvez por isso seja a mais amorosa e também a mais egoísta. Os filhos de Nanã são muito possessivos e tendem a cercar seus amigos. São exclusivistas e não admitem dividir suas ideias. Dedicam-se sem reservas a seus amigos e parentes, porém procuram sempre criar barreiras para que eles encontrem novas amizades e novos caminhos.

São rabugentos e costumam guardar no seu íntimo tudo aquilo que lhe fazem. O filho de Nanã jamais esquece, mesmo que depois lhe peçam desculpas. Eles sempre comentam e tocam no assunto quando há oportunidade.

Gostam de estar rodeados de amigos, porém não abrem mão de sua presença, fazendo questão de que seja notada e comentada.

Vestem-se muito bem e possuem um pouco a intransigência de Ogum. São resmungões e acham dificuldade em tudo o que precisam fazer, esperando sempre que os outros façam ou resolvam seus problemas.

Por serem demasiadamente possessivos, não admitem que seus filhos e familiares mais próximos tomem decisões sozinhos ou que seus companheiros saiam sós.

j) Características dos Filhos de Obaluaiê

Os filhos de Obaluaiê são muito controvertidos. Seu caráter, às vezes, é taciturno, calado, fechado em si próprio. Às vezes têm piques de alegria, descontração e satisfação, indo de um polo a outro com facilidade e com muita frequência. Gostam de Ocultismo, têm certa tendência para tudo o que é misterioso. Frequentemente estudam Astrologia. Gostam das artes e das pesquisas, dedicando-se muito a isso.

Convivem melhor com pessoas idosas do que com as mais jovens. Não têm a paciência necessária para suportar arroubos da mocidade, mesmo seus filhos. Os filhos de Obaluaiê mais jovens sempre procuram pessoas de mais idade para conviver.

Não gostam de aglomerados, preferem o isolamento, dedicando seu tempo em coisas que consideram de maior utilidade. Raramente se abrem a respeito de seus problemas, preferem "curtir" a mágoa ou a dor sem participar a ninguém.

São muito sentimentais e, frequentemente, são profundamente negativistas.

l) Nota Explicativa

Os filhos de fé não recebem influências de apenas um ou dois Orixás. Da mesma forma que nós não ficamos presos à educação e à orientação de um pai ou mãe espiritual, também não ficamos sob a tutela de nosso Orixá de frente ou juntó.

Frequentemente recebemos influências de outros Orixás, como se fossem professores, avós, tios, amigos mais próximos na nossa vida material. O fato de recebermos essas influências não quer dizer que somos filhos ou afilhados desses Orixás, trata-se apenas de uma afinidade espiritual.

Uma pessoa, às vezes, não se dá melhor com uma tia do que com uma mãe? Assim também é com os Orixás. Podemos ser filhos de Oxóssi ou Iansã e receber mais influência de Ogum ou Oxum.

Posso ser filho de Obaluaiê e não gostar de trabalhar com entidades que mais lhe dizem respeito, preferindo trabalhar com entidades de cachoeiras, o que, de forma alguma, me faz ser adotado por esses outros Orixás.

O importante é que nos momentos mais decisivos de nossas vidas suas influências benéficas se façam presentes, quase sempre uma soma de valores e não apenas, e individualmente, a característica de um único Orixá.

Tolices e Superstições sobre os Búzios

Por que não creio na interpretação por odus!

Para dar crédito aos métodos divinatórios por meio dos búzios, pelos chamados ODUS (caídas dos búzios abertos ou fechados, sem outras considerações), sem levar em conta quais os búzios que falaram ou quais os que deixaram de falar e tampouco a que orixás esses mesmos búzios foram consagrados, teríamos de admitir que 2 + 2 são 3. Explicamos: conhecido autor sobre a matéria cita em sua obra à página 22:

- 16 búzios fechados ODU (todos) NÃO DECLARADOS, essa combinação é muito perigosa. Tanto Nanã Buruque como Orixalá podem estar falando, mas significa que o santo não está vendo bem. É preciso dar um grande sacrifício a Nanã Buruque.

PERGUNTA-SE: se o Orixá não vê bem, o que fazemos? Pinga-se colírio no olho do Orixá? Leva-se o Orixá ao oculista? Ou por acaso o sacrifício a Nanã vai melhorar a visão do Orixá? São essas tolices, escritas por pretensos sábios, que trazem o descrédito à causa.

MAIS ADIANTE, na página 25, o mesmo autor se desdiz quando afirma:

- 16 fechados (todos os búzios) ADAKÉ-Mandando parar com as perguntas, pois o Orixá não está satisfeito. Ficando o pai de santo incumbido de dar um agrado a ele para aplacar sua ira.

PERGUNTA: Mas, 16 búzios fechados, ou seja, todos os búzios fechados não é ODU, como o mencionado na página 22? Ou é ADAKÉ, como informa o autor na página 25? Mas a confusão não para aí, porque na mesma página 25 apenas três linhas abaixo do segundo texto supramencionado, encontramos mais esta citação:

- 16 fechados-Egun: é Iansã quem fala.

PERGUNTA: Por que três resultados diferentes para um mesmo ODU? Sendo a jogada idêntica, idênticos devem ser os resultados, ou não?

Ainda na página 24 encontramos:

- 15 abertos e um fechado (OBEONONE). Um Exu selvagem fala nessa saída, EXU OZÁ. Deve-se dar logo, para aquietá-lo, um cabrito preto, fígado, coração e bofe de boi, cachaça, velas vermelhas e pretas, e panos da mesma cor. É preciso jogar novamente para saber onde fazer o despacho.

Em seguida a essa afirmação na página 25, menciona o referido autor:
• 15 Abertos (ORI BABÁ BAJÁ): falam Eluá e Babá.

Ora, 15 abertos e um fechado é exatamente igual a 15 abertos, pois se o 16º não foi mencionado como aberto, ele só pode estar fechado. Se no primeiro fala um EXU SELVAGEM, como no segundo, que é exatamente igual, falam Eluá e Obá?

Na página 22, encontramos ainda:
• 7 abertos e 3 fechados (OSATINIKO). Falam Yemanjá e Xangô. É Odu de falsidade e a pessoa está em perigo, ou talvez coisa feita. Deve-se jogar de novo para ver se o "CLIENTE" é sincero. Dar galinha, pato, guiné e carneiro para Xangô.

PERGUNTA: O que faz o Babalaô?
Informa o consulente que os búzios duvidam dele? Que tipo de ODU informaria se ele é sincero?
Que importância tem a sinceridade do consulente, se tudo o que ele deseja é resposta a uma pergunta?
E o principal, além da carnificina recomendada, o que o Babalaô deve responder à pergunta do consulente?

Vemos então que o que parecia simples, ou seja, tantos búzios abertos e outros tantos fechados dão um resultado

X; na verdade, não esclarece coisíssima nenhuma, cada resposta deve necessariamente estar ligada à pergunta, mesmo porque uma não existe sem a outra.

Se você, leitor amigo, conseguir entender esse pretenso jogo por ODUS, parabéns, porque, apesar de estudar o assunto desde 1946, não entendi absolutamente nada.

Não quero polemizar nem agredir, não escrevi esta obra com o espírito de criticar quem quer que seja e tampouco diminuir o valor do trabalho de ninguém, mas o leitor há de convir que fica difícil ler búzios assim. DIFÍCIL OU IMPOSSÍVEL?

O caso se complica ainda mais, pois o autor, que se intitula REI DO CANDOMBLÉ, já proclamou até mesmo um Vice-Rei da Umbanda, transformando uma religião de 40 milhões de adeptos (a Umbanda) em uma simples "colônia" do Candomblé. O autor pretende, ainda, transformar a religião em uma monarquia, que possivelmente só ele reconheça.

Quando vivo, Joãozinho da Gomeia (o pai Joãozinho das primeiras páginas) nunca teve contestada sua realeza e, na verdade, nunca havia sonhado com ela, que também nunca existiu antes dele, visto que o título lhe foi concedido, não por uma entidade religiosa, mas sim pelo jornalista Edmar Morel, da revista *O Cruzeiro*, em reportagem publicada em 29/4/44, como reconhecimento a alguém que tirou o Candomblé das sombras do anonimato. Ele usou seu título por merecimento, seu reino morreu com ele e nem Ileci, sua mais dedicada ogã e fiel seguidora, atreveu-se a proclamar-se herdeira, embora méritos não lhe faltassem.

Tolices e Superstições sobre os Búzios

De uma interessante monografia, que não traz o nome do autor, encontramos:
O código ou quadro de Odu e suas classificações. É o seguinte:

01 Okanran	Esú
02 Eji-Oko	Osalá mais velho, Obá e Orunmilá
03 Eta-Ogunda	Ogun, Sangó, Ogun
04 Irosun	Ososi, Yasán, Yemonjá e Égun
05 Ose	Omulu, Osun, Yemonjá
06 Obará	Sangó, Esú, Sangó
7 Odi	Osun, Égun, Ososi, Osalufon
08 Eji-Onile	Sangó, Ogun, Osogyián, Égun
09 Osá	Yemonjá, Yasán, Sangó Aganjú
10 Ofun	Osalufon, Osalá, Osun, Sangó Agodo
11 Owarin	Esú, Yasán
12 Eji-Lase Borá	Sangó, Osányin e Yemonjá
13 Iká-Ori	Osumaré, Osányin, Ibeji, Nanán
14 Obeo Gundá	Yemonjá, Ogun, Obatalá, Obaluaiê
15 Alá Fia	Orunmilá

Nota-se que somente 14 Odus se desdobram. Mais adiante, o autor descreve cada um dos Odus. Mostraremos apenas os quatro primeiros.

01 — Okanran-Ésu

Novidades, barulho, alvoroço, visita estranha, negativo em todos os sentidos, acertos, prosperidade instantânea.

02 — Eji-Oko Osalá Mais Velho, Obá e Orunmilá

Encontro de dois, casamentos ou convivência conjugal, felicidade inesperada, causa a resolver.

Significa: Viver maritalmente, boas notícias, casamento, união, convivência conjugal, amizade, felicidade inesperada, fim de sofrimento, tendência de muito triunfo, realizará seu intento, demandas, inimigos ocultos.

03 — Eta-Ogunda Ogun, Sangó, Ogun

Desordem, desespero, zanga, paz, vitórias, elevação, desastre, preocupação, choro, dificuldades na vida. Sofrimento, esforço próprio. Calúnia, futuro brilhante.

Significa: Afeição pelo poder, prisão, polícia, pancadaria, paz, vitórias, produto oriundo de esforço próprio, desordem, desastres, desespero, caso de justiça, cadeia, elevação, zanga.

04 — Irosun-Ososi, Yasán, Yemonjá, Égun

Imaginação, choro, dificuldades na vida, peregrinação, prevenção, cautela, ofensa, trabalhos, novidades, miséria, lutas e vitórias, empregos, viagem, futuro brilhante.

Significa: Falsidade dentro de casa, dificuldades na vida, imaginação, traição, indecisão; se for mulher buscando homem, pode desistir porque não serve, vive cansada; cercado de amigos que não são verdadeiros, calúnia, choro, cautela, futuro brilhante tendo proteção de angó e Oxalá. Os leitores entenderam? Perguntamos, de todas as palavras usadas no significado, como conciliar traição com futuro brilhante? Desespero e elevação? Desordem, paz e calúnia? Só se esses búzios aprenderam com o papagaio do Babalaô que repete o que ouve, mas não pensa, não raciocina.

Se alguém acredita que dessa forma irá conseguir interpretar a mensagem de Ifá, que tente e que Ifá e todos os demais Orixás se apiedem de ti, porque eu, por esse método, há muito já teria desistido. Não creio que preste um bom serviço à causa umbandista e à respeitável cultura afro-brasileira quem escreve tolices sobre assunto tão sério.

Outro polêmico ponto que é necessário esclarecer é o de negação da presença negra, que se faz em certos centros, terreiros e cabanas, que se intitulam de Umbanda, mas que tudo fazem para que a história e a origem da Umbanda tornem-se milenares e, se possível, bem distante da África Negra, estes que falam em diferentes Umbandas. Exemplo: Umbanda Esotérica, Umbanda Astrológica, Umbanda Branca (por quê? por acaso existe Umbanda Vermelha, Amarela ou de Bolinhas?), Umbanda Indiana ou Hindu, Umbanda Védica, etc. Esclarecemos que a Umbanda é uma e que quem faz essas falsas e inexatas diferenciações somos nós, todos os umbandistas, que procuramos criar em cada centro uma Umbanda nossa ou exclusiva, que defina apenas aquilo que cada um imagina ser a Umbanda, ou melhor, que gostaria que fosse a Umbanda, multiplicando ritos desnecessários e às vezes totalmente absurdos. Só para exemplificar, cito o caso de uma tenda muito bem montada nas areias da Praia Grande, que com todo o seu corpo mediúnico trajado de ciganos entoava cantiga de carnavais passados: "Toureiro, sou toureiro de Madri, sou toureiro, sou valente e nunca na arena pra um touro eu perdi". Era uma festa para os olhos, coisa de embasbacar turista, mas nada, *absolutamente nada* de Umbanda e muito menos de Espiritismo sério.

Infelizmente, cenas como essas se repetem com incrível constância. A essas tendas é importante lembrar que essa imensa árvore frondosa chamada Umbanda, filha do Espiritismo kardecista e prima distante do Candomblé brasileiro, visto que os ritos africanos nem se chamam candomblés, têm três raízes distintas — a branca (dos brancos), a vermelha (dos índios) e talvez a mais grossa e estuante de vida a negra (africana) —, e se nós formos realmente umbandistas, nunca faremos diferença nem alimentaremos qualquer forma de preconceito para com nenhuma delas.

Reconheço que ainda estamos muito distantes de uma unidade umbandista. Muitos ou a quase totalidade dos que se dizem umbandistas ainda não se deram conta de que a Umbanda é de fato e de direito uma RELIGIÃO e não apenas uma seita, mas o que se pode fazer quando um dos pretensos papas da Umbanda teimam em chamar de seita uma religião praticada por mais de 40 milhões de brasileiros e por milhares de simpatizantes em países estrangeiros?

A bem da verdade devemos também e com todo respeito esclarecer que o Candomblé não é africano como se pretende, mas sim tal qual a Umbanda, bem verde e amarelo, bem brasileiro.

Explico:

a) Não existe na África nenhum culto com essa designação.

b) Não existem nos cultos africanos autênticos essas miscigenações de cultos católicos e africanos; lá Orixá é Orixá, não é santo católico, como acontece nos cultos afros daqui.

c) Lá não se raspa a cabeça de ninguém, para em seguida mandá-lo assistir missa em Igreja Católica, prática comum nos candomblés brasileiros (quase obrigatória).

d) Recentemente, reconhecendo essa situação, as mais importantes lideranças afro-baianas manifestaram-se contra essa mistura e pela volta aos cultos de nação originais. Todavia, até agora não tenho conhecimento de um único barracão em que Iansã não seja Santa Bárbara, Oxalá não seja o Senhor do Bonfim ou Oxum não seja Imaculada Conceição ou que não haja correlação com santos católicos, e tampouco que não haja suas imagens nos terreiros.

RESUMINDO: Sem absolutamente querer faltar ao respeito a nenhuma roça de Candomblé e muito menos ainda a nenhum irmão candomblecista, o CHAMADO CANDOMBLÉ (de Cambonde) é tão misto das três raças como a Umbanda e outros cultos, mas nele a influência afro é da ordem de 70% a 80%, ou seja, é predominante. Concordo em que o Candomblé é mais negro que a Umbanda, mas é também mestiço.

Da mesma maneira, é brincadeira pensar que o jogo de búzios é uma bola de cristal ou um televisor do além, onde se possa ver o destino de uma empresa, um país ou um jogo de futebol. Os búzios são objetos sagrados, depois de devidamente preparados, mas se destinam exclusivamente a assuntos relativos à humanidade, aos homens, às mulheres e aos seus problemas, e quando as pessoas que podem alterar o curso dos acontecimentos se dispõem a tomá-los nas mãos para permitir que falem e o Babalaô e, somente ele, ninguém mais os interprete.

Já vimos também que não há necessidade de badulaques para o jogo de búzios, mas importante é que ele não pode ser feito corretamente em nenhum lugar. Os búzios necessitam de um ambiente limpo junto à natureza ou então da intimidade de um terreiro devidamente assentado, por isso não posso crer em mesas de búzios, montadas às pressas, em estúdios de televisão.

Os otás ou pedras sagradas são usados quando das consagrações e só. Eles não participam do jogo de búzios, como também não devem ser utilizados ouro ou moedas, pois isso só serve para criar a desculpa de que é preciso salvar, ou seja, pagar, pelo jogo (sempre um bom motivo para quem faz qualquer coisa como justificativa para não fazer nada).

Não procedem as desculpas de que é OBRIGADO A PAGAR, senão os búzios não falam. Os búzios não precisam de dinheiro, quem precisa de dinheiro é o Babalaô. Os búzios não comem, quem come é o Babalaô. Os búzios não cobram, quem cobra é o Babalaô. Em suma, se ao efetuar o jogo houver na peneira dinheiro, ouro, pedras, badulaques, ímãs, búzios cortados, etc, eles representam a vontade do "Babalaô" e podem significar desconhecimento ou má fé. Em qualquer dos casos fuja dele, não é competente. Isso se aplica tanto à Umbanda quanto ao Candomblé.

Explicações Necessárias

O jogo de búzios como é praticado na África, pelos diferentes cultos e seus sacerdotes, difere naturalmente do que descrevemos aqui e a razão é simples, lá não existe essa aculturação a que chamamos "sincretismo religioso", lá o Orixá não é confundido com o Santo Católico. Por exemplo, OXÓSSI é o Senhor ou Orixá da mata, entendendo-se a mata como um todo: a planta, a flor, a árvore, a folha, as aves, os animais e os homens, que vivem e dependem da mata para sua sobrevivência.

Nos cultos africanos, há toda uma gama de subdivisões (por favor, nada daquela historinha absurda de 7 que se multiplica por outras 7 falanges, chefes e outras tolices mais que vemos escrito, a torto e a direito, por aí para aquilo que resumimos em apenas um Orixá. Por exemplo: para o mesmo Oxóssi, nos cultos africanos não influenciados pelo catolicismo, ele seria o Orixá da caça; Ossanha como Orixá das folhas; Irocó como Orixá da gameleira — árvore frondosa de cujas raízes são feitas gamelas —, etc).

Vemos, então, que praticamente em cada detalhe a folha, por exemplo, não faz parte do todo em que se constitui a árvore? Em cada manifestação da natureza o africano vê uma revelação divina e o número de Orixás menores, às vezes diferentemente cultuados em regiões distintas, é imenso. Nós, por obra do sincretismo, cultuamos apenas os essenciais, os mais abrangentes e sendo esses em número de dez, somando-se os dois búzios negativos consagrados a Exu e à Pombagira, temos 12 búzios, restam portanto quatro, que consagraremos a entidades incorporantes com quem mais nos identifiquemos, ou melhor, com quem trabalhamos espiritualmente com maior frequência.

Mencionei entre essas entidades incorporantes apenas quatro e que mais usualmente são cultuadas em São Paulo. Fatalmente haverá alterações quanto a isso em outras regiões e mesmo aqui.

Cada Babalaô deverá naturalmente ter conhecimento das entidades com as quais trabalha e de suas características peculiares, assim sendo, creio ser desnecessário e até mesmo inconveniente, relatar aqui todas as entidades incorporantes, pois seu número é imenso, além de que uma determinada entidade pode ter, e geralmente tem, características distintas em diferentes médiuns.

Às vezes ocorre de o Babalaô preferir confiar esses quatro búzios a outras entidades com as quais trabalha, e estas naturalmente não podem ser citadas, pois somente o Babalaô (cada Babalaô) poderá conhecer suas próprias entidades.

As citadas características de cada Orixá são imutáveis. O mesmo acontece com Exu e Pombagira; vemos então que somente as quatro restantes, justamente as que nos dizem mais respeito, é que podem sofrer alterações, consoante suas personalidades, mas estas nós já conhecemos, por isso é bom familiarizar-se bem com tudo o que foi descrito sobre todos os búzios, pois somente assim seremos de fato e de direito "PAIS DO SEGREDO", ou melhor, "BABALAÔS" ou "BABÁS". Só assim teremos realmente a "MÃO DE IFÁ".

Caderno de Ilustrações

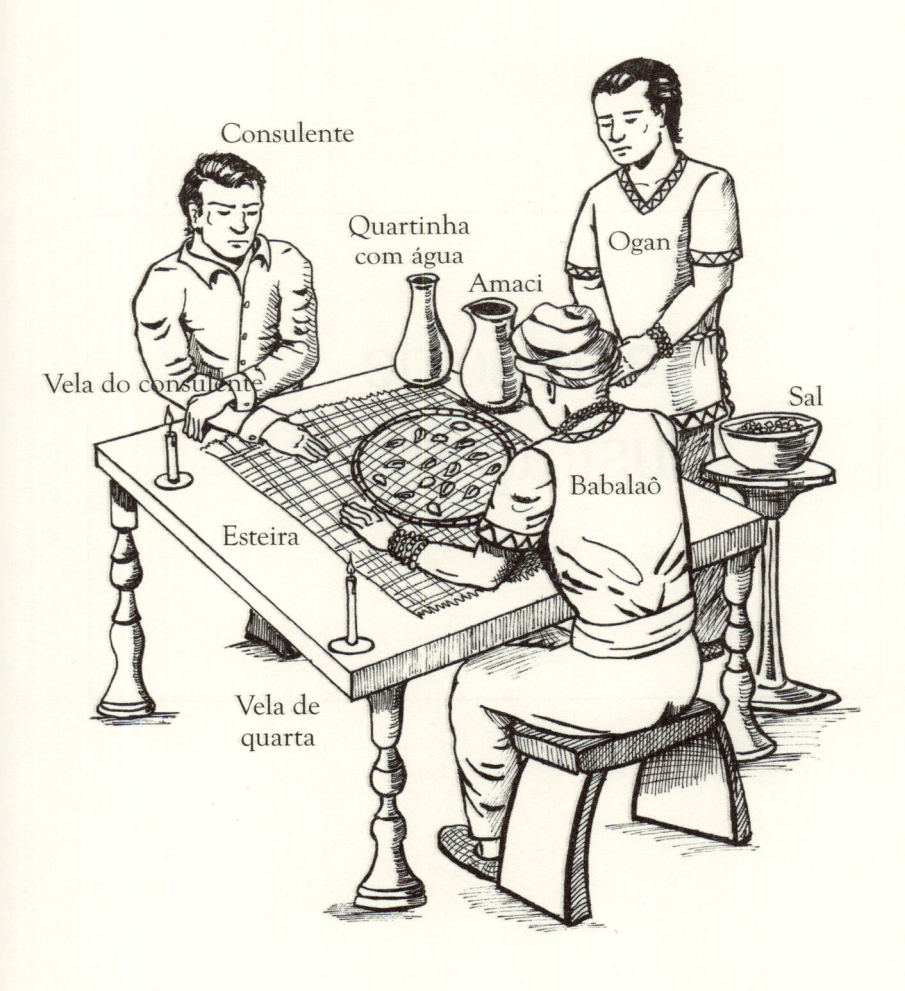

Consulente
Quartinha com água
Amaci
Ogan
Vela do consulente
Sal
Esteira
Babalaô
Vela de quarta

Caderno de Ilustrações

Oxalá

Xangô

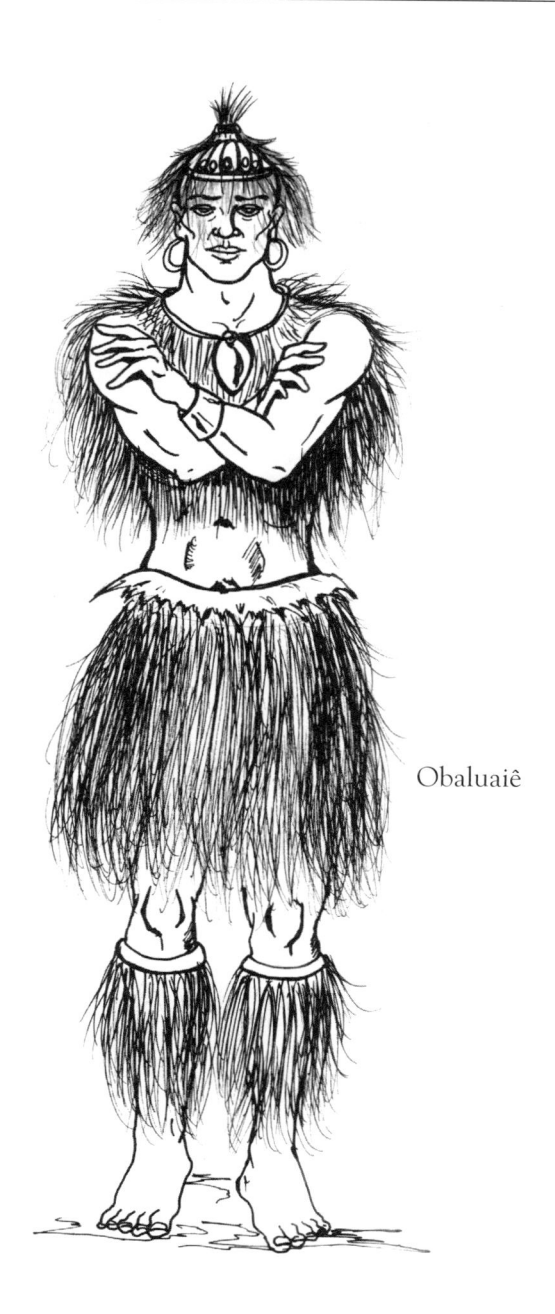

Obaluaiê

Oxóssi

Oxum

Iansã

Ibeji ou
Cosme e
Damião

Ogum

Iemanjá

Nanã Buruku ou
Nanã Buruquê

MADRAS® Editora

CADASTRO/MALA DIRETA

Envie este cadastro preenchido e passará a receber informações dos nossos lançamentos, nas áreas que determinar.

Nome _____
RG _____ CPF _____
Endereço Residencial _____
Bairro _____ Cidade _____ Estado ____
CEP _____ Fone _____
E-mail _____
Sexo ❏ Fem. ❏ Masc.   Nascimento _____
Profissão _____ Escolaridade (Nível/Curso) _____

Você compra livros:
❏ livrarias   ❏ feiras   ❏ telefone   ❏ Sedex livro (reembolso postal mais rápido)
❏ outros: _____

Quais os tipos de literatura que você lê:
❏ Jurídicos   ❏ Pedagogia   ❏ Business   ❏ Romances/espíritas
❏ Esoterismo   ❏ Psicologia ❏ Saúde   ❏ Filosofia/música
❏ Bruxaria   ❏ Autoajuda   ❏ Maçonaria   ❏ Outros:

Qual a sua opinião a respeito dessa obra? _____

Indique amigos que gostariam de receber MALA DIRETA:
Nome _____
Endereço Residencial _____
Bairro _____ Cidade _____ CEP _____

Nome do livro adquirido: ***Jogos de Buzios***

Para receber catálogos, lista de preços e outras informações, escreva para:

MADRAS EDITORA LTDA.
Rua Paulo Gonçalves, 88 — Santana — 02403-020 — São Paulo/SP
Caixa Postal 12183 — CEP 02013-970 — SP
Tel.: (11) 2281-5555 — Fax.:(11) 2959-3090
www.madras.com.br

MADRAS® Editora

Para mais informações sobre a Madras Editora,
sua história no mercado editorial
e seu catálogo de títulos publicados:

Entre e cadastre-se no site:

www.madras.com.br

Para mensagens, parcerias, sugestões e dúvidas, mande-nos um e-mail:

marketing@madras.com.br

SAIBA MAIS

Saiba mais sobre nossos lançamentos,
autores e eventos seguindo-nos no facebook e twitter:

@madrased

/madraseditora